プレップ
憲法訴訟

戸松秀典

弘文堂

まえがき

　本書は，題名から明らかなとおり「憲法訴訟」について語るものである。ただし，憲法訴訟の全体像を描いたり，憲法訴訟にかかる諸問題を深く体系的に分析したりすることを目的としてはいない。法曹の職に就くことを目指して勉強しようとしている法科大学院の学生のために，教室で本格的に憲法訴訟の講義（大学によっては必ずしも憲法訴訟という科目名を使わず，憲法としているところもあるが，それでも実務家養成のための憲法講義であるから憲法訴訟にかかる比重は大きいはず）に臨む前の準備として役立つ内容となるようにしている。

　憲法訴訟についての論議は，法科大学院生のみが行うものではない。法学部の憲法講義でもある程度視野に入れて扱うべきだと私は思っている。それは，憲法に盛り込まれている価値は，具体的に実現されることが予定されており，最終的には，司法過程をとおしての具体的実現が法的意味をもつことになっているからである。したがって，広く憲法価値の具体的実現について興味をもつ人には，本書の意義を認めていただけるものと信じている。

　本書での論述の展開の仕方には，私の年来の教育方法に関する思いが反映されている。それは，具体例から話を始め，そこに認められる問題を順に展開するという方法である。法学の教育現場では，通常，努めて体系的に説明しようとし，抽象的概念や定義を解説したうえで具体例をあげてその意義を裏付けるといった方

式がとられる。これは，学ぶ者にとっては苦痛であり，理解するのに苦労が伴う。これを解消することを狙って，具体例から一般化，抽象化へという方式をとることにした。本書の全体をとおしてこれが完全に貫かれているとはいえないかもしれないが，効率よい憲法訴訟の理解に役立てばとの願いを込めている。

　本書の執筆を思い立ったのは，『プレップ憲法〔第3版〕』のための作業を終えた時であった。その書の第Ⅲ部で述べたところをもう少し推し進めることにより，憲法の生きた様相が理解してもらえるであろうし，自分自身も，考えてきたことの確認ができるであろうと思った。このようなことを弘文堂編集長の北川陽子氏に語ったところ，是非，このプレップ・シリーズの一冊として上梓するようにと勧められた。いい出したものの，意図したところをどう体現するかについて思考しているうち何年かを経てしまった。ただ，法科大学院の未修者コースで，構想にそった授業をしたところ，学生諸君が意義を認めてくれたので，執筆にとりかかった次第である。また，学習院大学法科大学院での授業を行う過程で，同僚から受けた教育上の刺激も，本書の執筆を後押ししてくれた。とりわけ，公法分野の大橋洋一，櫻井敬子，高木光（現在は他大学），常岡孝好，野坂泰司の各教授からは，共に行う授業の中で，あるいは実施した授業との関連で多くの示唆を得た。心から感謝する次第である。最後に，辛抱強く脱稿を待っていただいた北川氏に御礼申し上げる。

　　2011年7月16日

　　　　　　　　　　　　　　　　　　　　　　　戸松　秀典

目　次

まえがき　iii

序　章　憲法訴訟の目的と役割 …………………………1
憲法訴訟の意味(1)　　憲法訴訟の目的と役割(2)
本書の目的と構成(3)

第Ⅰ部　行政訴訟としての憲法訴訟
　　　　　──在外日本人選挙権制限違憲訴訟

第1章　行政・憲法訴訟の様相 ……………………………6
行政・憲法訴訟の基本(6)　　必読判例の一つ(7)
在外日本人の選挙権(8)　　訴訟の提起(9)　　下級審判決(10)
最高裁判所の判断(11)　　本件をとりまく状況(18)

第2章　違憲の争点と行政・憲法訴訟 ……………………21
行政・憲法訴訟となるには(21)
本件の訴訟手続問題──当事者訴訟の採用(21)
違憲の主張と行政訴訟の要件──抗告訴訟の場合(24)
行政訴訟ゆえの困難さ──原告適格・訴えの利益(28)
行政・憲法訴訟提起の主体(30)　　立法の不作為訴訟の可能性(33)
国家賠償請求の道(34)

第3章　行政・憲法訴訟による憲法秩序の形成 …………36
行政・憲法訴訟の目的(36)
本件判決への注目点──堅実な違憲判断，射程，厳格な審査(36)
立法裁量論と立法事実論(40)　　国家賠償請求(43)
隠れた憲法上の争点(46)

第II部　民事訴訟としての憲法訴訟——三菱樹脂事件

第4章　民事・憲法訴訟の様相 ……………………50
民事・憲法訴訟の基本(50)　　必読判例の一つ(51)
事実の概要(51)　　下級審判決(52)　　最高裁判所の判断(53)
差戻し後の本件(60)

第5章　違憲の争点と民事・憲法訴訟 ……………61
民事・憲法訴訟となるには(61)
個人と法人・団体・組織等との間の訴訟(62)
憲法の趣旨を具体化した法律の適用(65)
民法の一般条項にかかわる争点(67)
適用法律についての違憲の主張(68)
国・公共団体が民事訴訟の当事者であるとき(70)
損害賠償請求訴訟(72)

第6章　民事・憲法訴訟による憲法秩序の形成 …………73
民事・憲法訴訟の目的(73)
利益間の調整——比較衡量法と裁量権の尊重(75)
下位法規解釈の指導原理としての憲法(78)
憲法の基本的理念に照らす(80)　　損害賠償請求訴訟(82)
隠れた憲法上の争点(85)

第III部　刑事訴訟としての憲法訴訟——猿払事件

第7章　刑事・憲法訴訟の様相 ……………………88
刑事・憲法訴訟の基本(88)　　多様な刑罰法規(89)
猿払事件の適用刑罰規定(90)　　猿払事件の事実(91)
下級審判決(91)　　最高裁判所の判断(93)

第 8 章　違憲の争点と刑事・憲法訴訟 ……………………101

刑事・憲法訴訟となるには(*101*)
違憲の主張の主体──自己の，あるいは，第三者の憲法上の権利
の主張(*102*)　　文面上違憲と適用違憲(*105*)
過度に広汎な規定・漠然とした規定(*107*)
刑罰規定と立法裁量──違憲主張の限界(*109*)
条例の刑罰規定(*111*)

第 9 章　刑事・憲法訴訟による憲法秩序の形成 …………*114*

刑事・憲法訴訟の目的(*114*)
本件判決のもとでの憲法秩序の形成(*114*)　　本件判決の射程(*116*)
憲法上の価値が優先するのか──比較衡量法(*118*)
立法裁量論(*122*)　　隠れた憲法上の争点(*124*)

終　章　憲法訴訟の課題と活用 ……………………………*127*

憲法訴訟の課題(*127*)　　憲法訴訟の活用(*129*)
憲法訴訟論の効用(*130*)

判例索引　　*133*

【凡　例】

1　判例の表記方法（裁判所・年月日など）は、大方の慣例に従った。
2　判例の引用についての略号は、次の例による。
　　　最　大　判　　　　最高裁大法廷判決
　　　最　大　決　　　　最高裁大法廷決定
　　　最　一　判　　　　最高裁第一小法廷判決
　　　最　二　判　　　　最高裁第二小法廷判決
　　　最　三　判　　　　最高裁第三小法廷判決
　　　高　　　判　　　　高等裁判所判決
　　　地　　　判　　　　地方裁判所判決
3　判例集・雑誌等の引用についての略号は、次の例による。
　　　民　　　集　　　　最高裁判所民事判例集
　　　刑　　　集　　　　最高裁判所刑事判例集
　　　下　　　刑　　　　下級裁判所刑事判例集
　　　行　　　集　　　　行政事件裁判例集
　　　裁　　　時　　　　裁判所時報
　　　判例自治　　　　　判例地方自治
　　　判　　　時　　　　判例時報
　　　判　　　タ　　　　判例タイムズ

序章　憲法訴訟の目的と役割

●憲法訴訟の意味　　憲法訴訟とは，憲法上の争点をともなう訴訟のことを指す*。しかし，憲法訴訟という個別の訴訟形式のために用意された訴訟手続法が存在するわけではない。訴訟形式としては，行政訴訟，民事訴訟，刑事訴訟の三つが存在し，そのいずれかとして裁判所にもたらされる訴訟において憲法上の争点が存在するとき，それを憲法訴訟という。また，憲法訴訟に対する裁判を憲法裁判と呼ぶ。つまり，憲法訴訟にはそれ固有の訴訟手続法があるわけでないから，一つの憲法訴訟の動向は，それら三つの訴訟のどれかの過程をたどるしかない。そして，憲法訴訟について注目すべきは，訴えの提起にはじまり，裁判所の判断を受け，判決が下され，さらに審級制にそった手続きを尽くして終了するまでの過程における憲法上の争点である。

　＊　「ともなう」とは，少々あいまいな表現のようであるが，憲法訴訟といえる訴訟には，憲法上の争点が訴訟の中軸になっているものから，背後に隠れているものまで多様であり，そのことを念頭に入れてこのように表現している。この様相は，本書をとおして示される。

それでは，行政，民事，刑事の訴訟それぞれに目を向ければ，訴訟や裁判についての議論が足りるはずなのに，なぜ憲法訴訟として注目しなければならないのであろうか。それは，憲法訴訟が独自の目的と役割をもっているからである。そのことについて，あらかじめ確認しておこう。

● **憲法訴訟の目的と役割**　憲法訴訟は、行政、民事、刑事のいずれの訴訟であろうとも、そこには憲法上の争点が存在する。つまり、憲法訴訟には、訴訟の当事者による合憲・違憲の主張が存在することが共通点であり、また特徴である。

　訴訟の当事者は、合憲・違憲の主張をすることにより自己に有利な裁判を得ようとする。したがって、憲法訴訟の目的は、訴訟の当事者が自己に有利な裁判を得ることであるといってよさそうだ。しかし、判例を読んで、訴訟の様子をみている者なら、あらゆる訴訟で合憲・違憲の主張がなされているわけでないことを承知しているであろう。自己に有利な裁判を得ようとしていろいろ主張していても、そこに憲法にかかわる主張をしていない場合をみることができる。いや、正確な統計がとられているわけではないが、むしろその場合の方が多いといってよいであろう。そこで、憲法訴訟の目的に注目したくなるのである。なぜ、当該訴訟で、当事者は、特に合憲・違憲の主張しているのか、と。これに対する答えを単純に導き出すことはできない。実は、本書では、このこと、すなわち憲法訴訟の目的を観察することを行おうとしているのである。

　憲法訴訟の目的を観察することにより何が明らかとなるのであろうか。何事においても、何か行動をするからにはその到達目標が存在しなければならない。本書での作業の結果、私は、憲法訴訟の役割を読者とともに認識することにしたいと思っている。

　憲法訴訟の役割については、ここで、それは、憲法価値の具体

的実現である,と一言で述べることができる。つまり,訴訟の当事者による合憲・違憲の主張に対して,裁判所は,正面から判断を下したり,判断を避けたり,さらには無視をして訴訟を処理する。この憲法訴訟と裁判の過程で憲法秩序の具体的形成がみられるのであり,これを憲法価値の具体的実現と私は呼ぶことにしている。しかし,これで憲法訴訟の役割の意味が明らかとなったとは到底いえないであろう。詳細は,次章以下の論述を通じて示すこととなる。

●**本書の目的と構成** このように,本書では,憲法訴訟の様相を把握することを目的としている。しかし,憲法訴訟にかかる内容を網羅的かつ体系的に論ずるのではない。網羅的・体系的議論を展開するとなると,大量の関連判例と学説を参照しつつ,複雑多岐な議論を展開しなければならない。初学者があるいは何かの機縁で憲法訴訟のことを知りたいと思ったとき,いきなりそのような世界に飛び込んでも,混迷を深めるばかりである。そこで,本書は,なるべく平易に,憲法訴訟の基本的な様子を示し,行政・民事・刑事の訴訟における憲法訴訟であるが故の特徴を認識していただけるようにしたい。

また,以下では,憲法訴訟の議論(憲法訴訟論と呼ばれる場合も含める)にかかる誤解を解くことも目的としている。憲法訴訟の議論は,訴訟技術論に終始することだと受けとられている例がある。そのため憲法訴訟の議論を敬遠する立場もある。そこには,憲法訴訟の議論についての受けとり方に問題があるようなので,誤解を解くように努めたい。

日本国憲法の60年余の体験の過程で，憲法訴訟は多彩な展開をみせてきた。しかし，その役割である憲法価値の具体的実現ということについては，満足のゆく成果をあげているとはいい難い。なぜそうであるのかということについても，しっかり検討する必要がある。その検討の前提として，憲法訴訟の様相をなるべく正確に観察して把握しておかなければならない。それが不十分なままに，批判論を展開したり，制度改革を提唱したりしても説得力を欠くからである。

　これらの思いを背景に，本書は，最初に確認した憲法訴訟の三つの訴訟形式にしたがって，順に考察を進めていくこととしている。通常の憲法解説では，憲法条文の解釈と条文から導かれる憲法価値をめぐる実体論が展開されるが，本書は，そのような構成をとっていない。ただし，憲法解釈論や憲法価値の実体論が無関係というわけでなく，それらは，論述の過程で絶えず意識しており，論述の過程でしばしばそれに言及することとなっている。

第Ⅰ部

行政訴訟としての憲法訴訟
――在外日本人選挙権制限違憲訴訟――

第1章　行政・憲法訴訟の様相

●行政・憲法訴訟の基本　　行政訴訟としての憲法訴訟（以下では，行政・憲法訴訟と呼ぶことにする）について基本的理解をするために，いきなりその代表例をみて，そこで観察したところを基盤に考察を進めていくことにする。ただし，若干の下準備をしておこう。

　行政・憲法訴訟を考察の対象とするのであるから，まず，行政訴訟とは何を指しているのかを理解しておかなければならない。それとともに，憲法訴訟とは何かについての理解も必要かと感じられるかもしれないが，そのことは本書のテーマであるから，本書を読みとおしたうえで把握できればよい。

　そこで，行政訴訟についてであるが，行政法の教科書や概説書をみると，行政訴訟に似た用語として，行政争訟とか行政事件訴訟といった語がある。それらを含めた概念として，ここでは行政訴訟ということにする。そして，行政訴訟とは，主として，国民・住民と国・自治体が当事者となっている訴訟で，民事訴訟や刑事訴訟ではないものを指すと定義しておく＊。主として，というのは，国・自治体の行政機関の間で争われる訴訟も行政訴訟であるし，民事訴訟を母体にして訴訟手続が設けられた経緯にも関連して，行政訴訟と民事訴訟との区別にあれこれ理解しなければならぬことがあるからである。それに付き合うのは読者の自主的な勉強計画にゆだねることにして，とにかくこの定義を前提として，

いきなり行政・憲法訴訟の代表例といえる具体例——いわゆる在外日本人選挙権制限違憲訴訟であるが——に目を向けることとする。

* 国・自治体の行政機関が国民・住民を相手に起こす訴訟も行政訴訟だといえそうだが，これについては，検討すべき問題が含まれており，後に（第2章）取りあげることにしている。

●必読判例の一つ　　　在外日本人選挙権制限違憲訴訟（以下では，これを単に「本件」ということがある）は，それに対して2005（平成17）年9月に最高裁判所大法廷が違憲の判断を下したので，有名かつ重要な行政・憲法訴訟になっている。つまり，憲法訴訟を学ぼうとする者にとっては，必読判例の一つである。

* 読者は，この最高裁判決（最大判平17・9・14民集59巻7号2087頁・判時1908号36頁）およびその下級審判決（東京地判平11・10・28判時1705号50頁，東京高判平12・11・8判タ1088号133頁）にしっかりと目をとおすことが望ましい。以下の論述は，しっかり読んだ者にとっては，読みとったことの確認となり，これから読もうとする者にとっては，予備知識となるよう，多少の解説を付けた要約となっている。

この訴訟は，その名称から推測できるように，日本人であるにもかかわらず日本の地にいないため国会議員を選出する選挙において投票することができないことを憲法違反だとして争ったものである。憲法の学習をしている者なら，いや，憲法を学ぶまでもなく市民の常識として，日本国民であれば，主権者として，国会議員を選出する選挙において投票することが憲法で保障されていることを知っている。しかし，外国に在住しているため，その権利行使ができないということについては，その事情を法制度にて

らして確認しておいた方がよいであろう。その法制度とは，憲法15条の選挙権保障を受けて，その行使にかかる詳細を定めている公職選挙法（以下では，「公選法」という）である。これは，行政法規に属し，その定めているところが憲法違反だとして争われているのであるから，行政・憲法訴訟となる。

●在外日本人の選挙権　　憲法15条1項は，国会に国民の代表者である議員を選ぶことを「国民固有の権利」であると定め，さらにその3項で，国会議員の選挙については，「成年者による普通選挙を保障する」とうたっている。この憲法が保障する基本的人権たる選挙権は，それを実際に行使できるようにするため，公選法が詳しく制度を設けている。

　本件では，在外日本人の選挙権が問題となっており，それについて公選法は，1998（平成10）年法律47号による改正（本件改正）前後で扱いを異にしていた。なお，在外日本人ないし在外国民とは，国外に居住していて国内の市町村の区域内に住所を有していない日本国民のことをいう。

　本件改正前においては，公職選挙法42条1項，2項は，選挙人名簿に登録されていない者および選挙人名簿に登録されることができない者は投票をすることができないものと定めていた。そして，選挙人名簿への登録は，当該市町村の区域内に住所を有する年齢満20年以上の日本国民で，その者にかかる当該市町村の住民票が作成された日から引き続き3箇月以上当該市町村の住民基本台帳に記録されている者について行うこととされているのだが（同法21条1項，住民基本台帳法15条1項），在外国民は，日本のいず

れの市町村においても住民基本台帳に記録されないため，選挙人名簿には登録されなかった。その結果，在外国民は，衆議院議員の選挙または参議院議員の選挙において投票をすることができなかったのである。

ところが，本件改正によって，在外国民に国政選挙における選挙権の行使をみとめる制度，すなわち在外選挙制度が創設され，同法42条1項本文は「選挙人名簿又は在外選挙人名簿に登録されていない者は，投票をすることができない」と改められた。本件改正によってその対象となる選挙は，衆議院議員の選挙および参議院議員の選挙であるが，当分の間は，衆議院比例代表選出議員の選挙および参議院比例代表選出議員の選挙に限ることとされた（本件改正後の公職選挙法附則8項）。

●訴訟の提起　　在外国民である原告（X）ら24名（ただし，そのうち3名は，控訴審の口頭弁論終結時までに帰国していた）は，被告の国に対し，1996（平成8）年10月20日に実施された衆議院議員の総選挙（以下，「本件選挙」という）において投票することができなかったことにつき訴えを提起した（以下，「本件訴訟」という）。ところが，本件訴訟が第一審に係属中に，上記のように本件改正がなされたので，そのことにも照らしてXらは，次のような請求をした。

①Xらのうち引き続き在外国民である21名に対して，国が在外国民であることを理由として選挙権の行使の機会を保障しないことは，憲法14条1項，15条1項および3項，43条および44条ならびに市民的及び政治的権利に関する国際規約25条に違反する。そ

こで，主位的に，(ア)本件改正前の公職選挙法は，Xらに衆議院議員の選挙および参議院議員の選挙における選挙権の行使を認めていない点において，違法（上記の憲法の規定および条約違反）であることの確認，ならびに(イ)本件改正後の公職選挙法は，Xらに衆議院小選挙区選出議員の選挙および参議院選挙区選出議員の選挙における選挙権の行使を認めていない点において，違法（上記の憲法の規定および条約違反）であることの確認を求めるとともに，予備的に，(ウ)Xらが衆議院小選挙区選出議員の選挙および参議院選挙区選出議員の選挙において選挙権を行使する権利を有することの確認を請求する。

②在外国民が国政選挙において選挙権を行使することができるように公職選挙法を改正することを立法府である国会が怠ったために，Xらは平成8年10月20日に実施された衆議院議員の総選挙において投票をすることができず損害を被った。そこで，国に対し，1人当たり5万円の損害賠償およびこれに対する遅延損害金の支払いを請求する。

●下級審判決　本件訴訟に対して，第一審は，本件の各確認請求にかかる訴えを裁判所法3条にいう「法律上の争訟」にあたらず不適法として却下し，また，国家賠償請求を棄却した。これを不満とするXらの控訴に対しても，東京高裁は，第一審同様にしりぞけた。*

  * それぞれの判例番号については前掲（7頁参照）。また，判示内容については，第2章と第3章で分析することにしている。

そこで，Xらは，在外国民の国政選挙における選挙権の行使を

制限する公職選挙法の規定は，憲法14条，15条1項・3項，22条2項，43条，44条等に違反すると主張して上告した。

●**最高裁判所の判断**　最高裁判所は，訴訟要件の不適法を理由に訴えをしりぞけた下級審とは正反対に，積極的に憲法判断を展開し，損害賠償請求に対しても容認する判断を示した。以下，その理由を丁寧にたどっていく。

①まず，憲法による選挙権保障の趣旨を確認する。すなわち，「国民の代表者である議員を選挙によって選定する国民の権利は，国民の国政への参加の機会を保障する基本的権利として，議会制民主主義の根幹を成すものであり，民主国家においては，一定の年齢に達した国民のすべてに平等に与えられるべきものである。」「憲法〔前文，1条，43条1項，15条1項・3項，44条ただし書〕は，国民主権の原理に基づき，両議院の議員の選挙において投票をすることによって国の政治に参加することができる権利を国民に対して固有の権利として保障しており，その趣旨を確たるものとするため，国民に対して投票をする機会を平等に保障しているものと解するのが相当である。」

②次に，このような憲法の選挙権保障の趣旨に基づくと，選挙権の制限は，やむを得ない事由がある場合以外は許されないと説く。すなわち，「憲法の以上の趣旨にかんがみれば，自ら選挙の公正を害する行為をした者等の選挙権について一定の制限をすることは別として，国民の選挙権又はその行使を制限することは原則として許されず，国民の選挙権又はその行使を制限するためには，そのような制限をすることがやむを得ないと認められる事由

がなければならないというべきであ〔り〕……，そのような制限をすることなしには選挙の公正を確保しつつ選挙権の行使を認めることが事実上不能ないし著しく困難であると認められる場合でない限り，上記のやむを得ない事由があるとはいえず，このような事由なしに国民の選挙権の行使を制限することは，憲法15条1項及び3項，43条1項並びに44条ただし書に違反するといわざるを得ない。また，このことは，国が国民の選挙権の行使を可能にするための所要の措置を執らないという不作為によって国民が選挙権を行使することができない場合についても，同様である。」

「在外国民は，選挙人名簿の登録について国内に居住する国民と同様の被登録資格を有しないために，そのままでは選挙権を行使することができないが，憲法によって選挙権を保障されていることに変わりはなく，国には，選挙の公正の確保に留意しつつ，その行使を現実的に可能にするために所要の措置を執るべき責務があるのであって，選挙の公正を確保しつつそのような措置を執ることが事実上不能ないし著しく困難であると認められる場合に限り，当該措置を執らないことについて上記のやむを得ない事由があるというべきである。」

　③そこで，やむを得ない事由があったか否かの審査をするのであるが，まず，公選法の改正をし，在外選挙制度を設けなかったことについて，次のように判示した。すなわち，「本件改正前の公職選挙法の下においては，在外国民は，選挙人名簿に登録されず，その結果，投票をすることができないものとされていた。これは，在外国民が実際に投票をすることを可能にするためには，

我が国の在外公館の人的，物的態勢を整えるなどの所要の措置を執る必要があったが，その実現には克服しなければならない障害が少なくなかったためであると考えられる。」「内閣は，昭和59〔1984〕年4月27日，『我が国の国際関係の緊密化に伴い，国外に居住する国民が増加しつつあることにかんがみ，これらの者について選挙権行使の機会を保障する必要がある』として，衆議院議員の選挙及び参議院議員の選挙全般についての在外選挙制度の創設を内容とする『公職選挙法の一部を改正する法律案』を第101回国会に提出したが，同法律案は，その後第105回国会まで継続審査とされていたものの実質的な審議は行われず，同61年6月2日に衆議院が解散されたことにより廃案となったこと，その後，本件選挙が実施された平成8年10月20日までに，在外国民の選挙権の行使を可能にするための法律改正はされなかった……。世界各地に散在する多数の在外国民に選挙権の行使を認めるに当たり，公正な選挙の実施や候補者に関する情報の適正な伝達等に関して解決されるべき問題があったとしても，既に昭和59年の時点で，選挙の執行について責任を負う内閣がその解決が可能であることを前提に上記の法律案を国会に提出していることを考慮すると，同法律案が廃案となった後，国会が，10年以上の長きにわたって在外選挙制度を何ら創設しないまま放置し，本件選挙において在外国民が投票をすることを認めなかったことについては，やむを得ない事由があったとは到底いうことができない。そうすると，本件改正前の公職選挙法が，本件選挙当時，在外国民であったXらの投票を全く認めていなかったことは，憲法15条1項及び3項，

43条1項並びに44条ただし書に違反するものであったというべきである。」

④さらに，公選法を改正して在外選挙制度を設けたものの，完全な実施をすることなく制限を設けたことについて，次のように判示した。すなわち，「本件改正は，在外国民に国政選挙で投票をすることを認める在外選挙制度を設けたものの，当分の間，衆議院比例代表選出議員の選挙及び参議院比例代表選出議員の選挙についてだけ投票をすることを認め，衆議院小選挙区選出議員の選挙及び参議院選挙区選出議員の選挙については投票をすることを認めないというものである。この点に関しては，投票日前に選挙公報を在外国民に届けるのは実際上困難であり，在外国民に候補者個人に関する情報を適正に伝達するのが困難であるという状況の下で，候補者の氏名を自書させて投票をさせる必要のある衆議院小選挙区選出議員の選挙又は参議院選挙区選出議員の選挙について在外国民に投票をすることを認めることには検討を要する問題があるという見解もないではなかったことなどを考慮すると，初めて在外選挙制度を設けるに当たり，まず問題の比較的少ない比例代表選出議員の選挙についてだけ在外国民の投票を認めることとしたことが，全く理由のないものであったとまでいうことはできない。しかしながら，本件改正後に在外選挙が繰り返し実施されてきていること，通信手段が地球規模で目覚ましい発達を遂げていることなどによれば，在外国民に候補者個人に関する情報を適正に伝達することが著しく困難であるとはいえなくなったものというべきである。また，参議院比例代表選出議員の選挙制度

を非拘束名簿式に改めることなどを内容とする公職選挙法の一部を改正する法律（平成12年法律第118号）が平成12年11月１日に公布され，同月21日に施行されているが，この改正後は，参議院比例代表選出議員の選挙の投票については，公職選挙法86条の３第１項の参議院名簿登載者の氏名を自書することが原則とされ，既に平成13年及び同16年に，在外国民についてもこの制度に基づく選挙権の行使がされていることなども併せて考えると，遅くとも，本判決言渡し後に初めて行われる衆議院議員の総選挙又は参議院議員の通常選挙の時点においては，衆議院小選挙区選出議員の選挙及び参議院選挙区選出議員の選挙について在外国民に投票をすることを認めないことについて，やむを得ない事由があるということはできず，公職選挙法附則８項の規定のうち，在外選挙制度の対象となる選挙を当分の間両議院の比例代表選出議員の選挙に限定する部分は，憲法15条１項及び３項，43条１項並びに44条ただし書に違反するものといわざるを得ない。」

⑤以上のように，違憲との判断を示したうえで，本件での確認の訴えの適否について判示している。通常の裁判では，訴え提起の要件にかかる問題をまず処理してから，実体判断に進むのであるが，本件判決は，その順序が逆になっている。この気になることについては，次章以下で分析することにして，とにかく判示内容をみておこう。

　㈎　本件改正前の公職選挙法について違法であることの確認を求める訴えは，過去の法律関係の確認を求めるものであり，この確認を求めることが現に存する法律上の紛争の直接かつ抜

本的な解決のために適切かつ必要な場合であるとはいえないから，確認の利益が認められず，不適法である。

　(イ)　本件改正後の公職選挙法について違法であることの確認を求める訴えは，他により適切な訴えによってその目的を達成することができる場合には，確認の利益を欠き不適法であるというべきところ，本件においては，予備的確認請求にかかる訴えの方がより適切な訴えであるということができるから，上記の主位的確認請求にかかる訴えは不適法である。

　(ウ)　本件の予備的確認請求にかかる訴えは，公法上の当事者訴訟のうち公法上の法律関係に関する確認の訴えと解することができるところ，その内容をみると，公職選挙法附則8項につき所要の改正がされないと，在外国民であるXらが，今後直近に実施されることになる衆議院議員の総選挙における小選挙区選出議員の選挙及び参議院議員の通常選挙における選挙区選出議員の選挙において投票をすることができず，選挙権を行使する権利を侵害されることになるので，そのような事態になることを防止するために，Xらが，同項が違憲無効であるとして，当該各選挙につき選挙権を行使する権利を有することの確認をあらかじめ求める訴えであると解することができる。

　(エ)　選挙権は，これを行使することができなければ意味がないものといわざるを得ず，侵害を受けた後に争うことによっては権利行使の実質を回復することができない性質のものであるから，その権利の重要性にかんがみると，具体的な選挙につき選挙権を行使する権利の有無につき争いがある場合にこれを有

することの確認を求める訴えについては，それが有効適切な手段であると認められるかぎり，確認の利益を肯定すべきものである。そして，本件の予備的確認請求に係る訴えは，公法上の法律関係に関する確認の訴えとして，上記の内容に照らし，確認の利益を肯定することができるものにあたるというべきである。なお，この訴えが法律上の争訟にあたることは論をまたない。

(オ) そうすると，本件の予備的確認請求にかかる訴えについては，引き続き在外国民であるXらが，次回の衆議院議員の総選挙における小選挙区選出議員の選挙および参議院議員の通常選挙における選挙区選出議員の選挙において，在外選挙人名簿に登録されていることに基づいて投票をすることができる地位にあることの確認を請求する趣旨のものとして適法な訴えということができる。

⑥こうして，違憲の結論を次のように述べている。

「公職選挙法附則8項の規定のうち，在外選挙制度の対象となる選挙を当分の間両議院の比例代表選出議員の選挙に限定する部分は，憲法15条1項及び3項，43条1項並びに44条ただし書に違反するもので無効であって，Xらは，次回の衆議院議員の総選挙における小選挙区選出議員の選挙及び参議院議員の通常選挙における選挙区選出議員の選挙において，在外選挙人名簿に登録されていることに基づいて投票をすることができる地位にあるというべきであるから，本件の予備的確認請求は理由があり，更に弁論をするまでもなく，これを認容すべきもので

ある。」

⑦最後に、国家賠償請求についても、これを容認する判断を下した。すなわち、「立法の内容又は立法不作為が国民に憲法上保障されている権利を違法に侵害するものであることが明白な場合や、国民に憲法上保障されている権利行使の機会を確保するために所要の立法措置を執ることが必要不可欠であり、それが明白であるにもかかわらず、国会が正当な理由なく長期にわたってこれを怠る場合などには、例外的に、国会議員の立法行為又は立法不作為は、国家賠償法1条1項の規定の適用上、違法の評価を受けるものというべきである。」そして、Xらに対してそれぞれ5000円および遅延利息損害金の支払いを認めた。

⑧以上の法廷意見のほかに、福田博裁判官の補足意見、横尾和子裁判官と上田豊三裁判官による反対意見、および泉徳治裁判官の反対意見がある。その内容については、第3章で扱うので、ここでは立ち入るのを控えておく。

● 本件をとりまく状況

本件判決の内容は、以上のようである。そして、公選法という国法中でも重要な法律の規定について、最高裁判所が違憲であると判示したことは、他にこの種の法令違憲の判断がきわめて少ないだけに、大いに注目される。そこで、このような画期的ともいえる判決は、登場することにかかわる事情が何がしかあったのではないかと推測したくなるはずである。本章の最後では、本件判決理由の内容に即した考察に入る前に、このことに関心を向けることにする。憲法訴訟は、多分に政治、経済、社会の状況との関連性があり、そ

こにみられる要因をも視野に入れると，その訴訟および裁判の理解を深めることができるからである。

まず，在外国民についての実態，とりわけどれほどの人数がいて，国政に参加できなくなっているかということに関心が及ぶはずである。そこで統計をみると，本件の訴訟が提起された当時では，70万人余の在外国民が存在しており，その後，増加傾向がつづいており，現在では100万人を超えている。これほどの数の選挙人が，自己の意思とは関係なく選挙権行使ができなくなっていることは，議会制民主主義の政治の欠陥だといってよいであろう。

　＊　正確な数は，外務省海外在留邦人数調査統計（外務省のホームページでアクセスできる）により知ることができる。
　＊＊　本件判決に応じて国会は，本件で問題とされた附則8項を削除する公選法の改正をしたので（平成18年6月14日法律第62号），今日では，在外国民の選挙権行使は可能となっている。

次に，このような在外国民の実態に対して，行政府や国会は，いかなる対応をとろうとしていたのであろうかということにも関心が及ぶ。これについては，政治部門が全く放置していたわけでもないことを認めることができる。そのことは，本件の最高裁判所が，判示内容の③のところで引用しておいた箇所で次のように言及していることからも明らかである。すなわち，「内閣は，昭和59〔1984〕年4月27日，『我が国の国際関係の緊密化に伴い，国外に居住する国民が増加しつつあることにかんがみ，これらの者について選挙権行使の機会を保障する必要がある』として，衆議院議員の選挙及び参議院議員の選挙全般についての在外選挙制度の創設を内容とする『公職選挙法の一部を改正する法律案』を

第101回国会に提出した」と。

 ところが、国会に提出された法律案は、それに対する反対論に出会ったわけでないが、他の議事の扱いなどとの関係で成立することなく、廃案に至り、以後10年以上放置される状態がつづいていた。これに対する批判が社会に存在していたことはいうまでもないことであるし、公法分野の学界においても、在外選挙制度が存在していないことを問題とする動きが高まっていた。

 法制度の欠陥を正す責務は、行政府や立法府にあることはいうまでもないが、その責務が果たされないとき、司法府による救済の道が探られるのであるが、本件の下級審判決が体現させたように、在外選挙については、伝統的な訴訟要件のもとでは困難が伴っていた。このことについては、第2章で分析するが、本件の結果との関係では、訴訟が裁判所に係属中の2004（平成16）年に行政事件訴訟法の大きな改正がなされ、当事者訴訟の方式を利用する道が開けたことが——いや、むしろ最高裁判所がそれを利用したからだとよいかもしれないが——、変化をもたらしたという事情も認められる。

 これらに加えて、インターネットの利用により従来と異なる選挙運動方式が発展していたことも含め、本件をとりまく諸事情が違憲判決を生み出す背景に存在していたのであり、このことは、本件判決の意義を把握するために念頭に置いておいた方がよい。

第2章　違憲の争点と行政・憲法訴訟

●行政・憲法訴訟となるには　在外日本人選挙権制限違憲訴訟（以下では，単に，「本件」という）の場合，下級審においては，不適法な訴えであるとして実体判断すなわち憲法判断に立ち入ってもらえなかった。このように，適法な訴えとなるように訴訟を整えていないと，いや，原告が適法な訴えだと確信していてもそれを裁判所が容認しないかぎり，いくら違憲であると唱えても裁判所からの憲法判断が得られない。憲法上の争点を伴った行政訴訟が行政・憲法訴訟として憲法秩序の形成に寄与するためには，行政訴訟としての要件を充足させなければならないのである。本章では，この行政・憲法訴訟の手続の問題（訴訟手続論とか訴訟要件論といわれる）に目を向けることとする。

●本件の訴訟手続問題
　——当事者訴訟の採用　まず，本件との関係で，次のことを確認しておこう。

①下級審は，本件の各確認請求にかかる訴えについて，単に在外国民であるということを理由に，公職選挙法の規定の一部の違法確認を求める訴えだと性格付け，このような訴えは，具体的紛争を離れて抽象的，一般的に法令等の違憲性あるいは違法性等に関する判断を求めるものといわなければならず，裁判所法3条1項にいう「法律上の争訟」にあたらないとし，不適法，却下の判断を下したのであった。

この判断については，原告らが現に国外で選挙権が行使できないという具体的事実があり，そのことへの救済を求めているのに，これを，具体的紛争を離れて抽象的，一般的に法令等の違憲性あるいは違法性等に関する判断を求めるものだと性格付けていることに疑問が生じてもおかしくない。

　②本件の最高裁判所は，これとは異なる理由のもとに，本件の主位的確認請求にかかる訴えについて不適法，却下とした。これについては，前章で最高裁判所の判断をたどった箇所（本書15頁の⑤の(ア)および16頁の(イ)参照）でふれている。要するに，本件改正前の公職選挙法規定の違法確認を求める訴えは，過去の法律関係の確認を求めるものであり，現に存する法律上の紛争の直接かつ抜本的な解決のために適切かつ必要な場合であるとはいえないから，確認の利益が認められず，不適法であるとし，他方で，本件改正後の公職選挙法規定の違法確認を求める訴えは，予備的確認請求にかかる訴えの方がより適切な訴えであるということができ，他により適切な訴えによってその目的を達成することができる場合に該当し，確認の利益を欠き不適法であるとしたのであった。

　最高裁判所は，どうやら上記①で指摘した疑問に正面から答えることを避けて，予備的確認請求による訴えなら訴訟として成立していると判示したのであるが，原告にかかる実態は変わらないのであるから，本件が具体的紛争であること，つまり裁判所法3条1項の「法律上の争訟」であることは否定しない判断をしたのだと受けとってよさそうである。

　③最高裁判所は，こうした判断に立って，本件の予備的確認請

求にかかる訴えは，公法上の当事者訴訟のうち公法上の法律関係に関する確認の訴えと解することができると捉えた。

その内容をみると，公職選挙法附則8項につき所要の改正がされないと，在外国民である上告人らが，今後直近に実施されることになる衆議院議員の総選挙における小選挙区選出議員の選挙および参議院議員の通常選挙における選挙区選出議員の選挙において投票をすることができず，選挙権を行使する権利を侵害されることになるので，そのような事態になることを防止するために，同上告人らが，同項が違憲無効であるとして，当該各選挙につき選挙権を行使する権利を有することの確認をあらかじめ求める訴えであると解することができる，というのである。また，この判断の根拠として，「選挙権は，これを行使することができなければ意味がない」こと，および，選挙権という権利の重要性をあげている（本書16頁の⑤の(ウ)および(エ)参照）。

　④このように，最高裁判所は，本件の予備的確認請求が適法な訴えであることを前提としたうえで，その請求の当否について検討し，違憲の結論に至っている。

そこで，本件の訴訟手続の問題について，下級審裁判所と最高裁判所との間で異なる判断を示した理由を問う必要がある。在外国民が選挙権を行使できないという実態は，両法廷の前では変わらないのであり，ここには訴訟手続制度の利用の仕方の違いがあること以外，その理由の指摘ができないであろう。つまり，当事者訴訟制度を本件のような争いに採用するか否かの違いである。

当事者訴訟という訴訟方式は，本件が下級審に係属中にも行政

事件訴訟法中に存在してはいた。しかし，一部学説から消極的評価を受けるなど，行政訴訟の主流とはみなされてはいなかったといってよい。ところが本件が最高裁判所に上告された後の2004（平成16）年に，行政事件訴訟法は，42年ぶりの大改正を受けることとなった。それは，時を経る過程で強く指摘されるようになっていた機能不全を克服するためのものであり，そこでは，当事者訴訟の活用を求める修正が加えられた。最高裁判所は，本件において，その動向に乗ったといえる扱いをしたのであった。このような訴訟の方向性を新たに打ち出すことは，最高裁判所が果たすべき役割だといってよい。したがって，行政事件訴訟法の大きな改正という出来事がなかったら最高裁判所の違憲判断が生まれなかったのかもしれないのである。とにかく，当事者訴訟の採用という訴訟要件上の契機が本件の運命を決したわけである。

そこで，訴訟形式の違いにより，違憲の主張が異なる扱いを受けることになることに注目して，行政・憲法訴訟の手続論を考察しておこう。

●**違憲の主張と行政訴訟の要件**
　——抗告訴訟の場合

抗告訴訟は，それを規定する行政事件訴訟法における位置付けから明らかなように，行政訴訟の代表的訴訟形式である。本件は，その抗告訴訟とは別の訴訟形式よるものとして認められ違憲の判断を得たのであるが，行政・憲法訴訟の基本を理解するためには，この代表分野にも目を向けなければならない。

行政事件訴訟法3条1項は，抗告訴訟を，「行政庁の公権力の行使に関する不服の訴訟」だとしている。行政庁，すなわち行政

機関は，法律により公権力を行使する権限が与えられており，その権限行使をめぐって争われる訴訟が抗告訴訟である。ここでは，抗告訴訟のうち，行政権の行使である行政行為ないし行政処分を取り消すよう請求する取消訴訟に焦点をあてて，当事者訴訟との違いを観察してみることにする。

* 抗告訴訟の種類として，処分取消しの訴え，裁決取消しの訴え，無効確認の訴え，不作為の違法確認の訴え，義務付けの訴え，差止めの訴えがあげられており（行訴法3条2項～7項），他に，これらに属さない無名抗告訴訟も認められるとされている。それぞれの内容については，読者の行政法学の基礎知識の習得にゆだね，ここでは立ち入らない。

ところで，この考察で心がけようとしているのは，なるべく具体例により，具体的に考察しようとすることである。それは，行政訴訟をめぐる論議がとかくきわめて抽象的な概念説明に終始しがちだと感じているからである。たとえば，抗告訴訟中の処分取消訴訟においては，必ず当該行政機関の行為が処分といえるか否かが問われるが，その処分とは，「公権力の主体たる国または公共団体が行う行為のうち，その行為によって，直接国民の権利義務を形成しまたはその範囲を確定することが法律上みとめられているもの*」と定義され，この定義に該当することが求められる。しかし，誰がみてもこの定義は，きわめて抽象的であって，具体的行為に対してただちに納得のいくあてはめができるとは思えない。あてはめの過程で，何がしかの要素を取り込み，当該行為が行政処分であるとも，そうでないともいうことが可能なのである。実例をみよう。

* 最一判昭39・10・29民集18巻8号1809頁で先例に基づき示された定義。これは，行政事件訴訟法の前身である行政事件訴訟特例法のもとでの事案に対して

なされたものであるが、今日まで維持され、学説上も異論がみられない。

その実例とは、最高裁判所が判例変更をして処分性を認めた例である。すなわち、最高裁判所は、ずっと以前の1966年に、土地計画整理事業の事業計画の決定について無効確認を求めた訴えに対して、土地計画整理事業の事業計画の決定はその公告がされた段階においても抗告訴訟の対象である行政処分にあたらないとして、その処分性を否定したのであった*。そこでは、土地計画整理事業の事業計画の決定は、当該土地区画整理事業の基礎的事項を一般的、抽象的に決定するものであって、いわば当該土地区画整理事業の青写真たる性質を有するにすぎないなどと、同決定の影響を受けて種々の不利益を受けている者にかかる実態に考慮を払うことのない、いわばまことに冷たい判断を下していた。

* 最大判昭41・2・23民集20巻2号271頁。

このいわゆる青写真判決は、40年余の時を経た2008年の遠州鉄道土地区画整理事業訴訟判決*により変更されたのである。その訴訟は、遠州鉄道の鉄道線の連続立体交差事業の一環として事業を計画し、浜松市が土地区画整理法52条1項の規定に基づき、静岡県知事から、その事業計画において定める設計の概要について認可を受けたうえで、同事業計画の決定、公告をしたところ、その事業の施行地区内に土地を所有している者らが起こしたものである。原告らはその事業が土地区画整理法に定める目的を欠くものであり違法であるなどと主張して、同事業計画決定の取消しを求めていた。そこで、事業計画の処分性が問題となり、青写真判決同様に処理されてしまうのか、注目された。

＊　最大判平20・9・10民集62巻8号2029頁。

　この判決で最高裁判所は，次のように説いて，青写真判決の変更を宣言した。すなわち，土地計画整理事業の事業計画の決定は，施行地区内の宅地所有者等の法的地位に変動をもたらすものであって，抗告訴訟の対象とするに足りる法的効果を有するものということができ，実効的な権利救済を図るという観点からみても，これを対象とした抗告訴訟の提起を認めるのが合理的である。したがって，当該事業計画の決定は，行政事件訴訟法3条2項にいう「行政庁の処分その他公権力の行使に当たる行為」に該当すると解するのが相当である，と。

　さて，ここでは，詳細に立ち入って考察するゆとりはないが，読者は，この例において，事業計画の決定によりいかなる不利益が実際に生じるものなのかをしっかり確認していただきたい。2008年の最高裁判決は，判例変更をして，裁判所による実体判断の余地を広げた。この傾向は，発展しているとみてよいのかもしれない＊。しかし，注意しなければならないのは，最高裁判所は，その訴訟を第一審裁判所に差し戻したのであり，原告らに取消請求を容認したわけでない。ここでわれわれが関心を寄せている行政・憲法訴訟との関係では，抗告訴訟の方式で提起したとき，憲法判断までに至らずにしりぞけられる度合いがこれまでよりも少なくなったとだけしかいえないのである。そこで，次の段階で出会う問題について考察することにする。

　　＊　少々行政法学の領域に侵入しすぎかもしれないが，読者は，事業計画の決定により生ずる不利益とならんで，都市計画法，土地収用法，都市再開発法など

における事業認可ないし事業認定，公告ないし告示といった段階で関係者にいかなる不利益が実際に生じるものかを確認することを勧める。また，公立保育所廃止条例を争った訴訟で，最高裁判所は，条例の処分性を認めており（最一判平21・11・26裁時1496号7頁），これは，実体判断に立ち入る傾向を示すものの一例としてよいようだ。

●**行政訴訟ゆえの困難さ
——原告適格・訴えの利益**

抗告訴訟において処分性の判断が緩やかになっても，もう一つ原告適格ないし訴えの利益を充足しなければならないという問題がある。行政事件訴訟法9条1項は，これを，「取消しを求めるにつき法律上の利益を有する者」にかぎり訴えを提起できると定めている。そこで，この「法律上の利益」というこれまたきわめて抽象的なことばの意味について論議されている。判例は，一貫して，これを「法律上保護された利益」だとして，「法的な保護に値する利益」と理解すべきとする学説の立場と対立している。ここでは，判例の姿勢は，「法的な保護に値する利益」説よりも原告適格の範囲を狭めるものだとの指摘にとどめ，さらなる追究は読者の勉学にゆだねることとし，以下では，上述の場合と同様に，具体例をみながら行政・憲法訴訟にかかわる問題に焦点をあてた考察をする。

その具体例とは，国立歩道橋事件と呼ばれるもので，これに対する1973年の東京地方裁判所の判決をみることにする。この事件は，東京都が1970年に国立市にある都道146号線（通称「大学通り」）に横断歩道橋を架設することを決定し，工事に着手したところ，同市の住民らが，東京都を相手に，その歩道橋設置処分の取消しを求める訴訟を提起するともに，その処分の執行停止を申

し立てたものである。

　＊　東京地判昭48・5・31行集24巻4＝5号471頁・判時704号31頁。

　裁判所は，本件歩道橋の設置によって，原告らの「環境権」が侵害されるとの主張に対して，次のように，消極の判断を下した。すなわち，まず，「太陽，空気，水，静けさその他人間をとりまく諸々の生活環境を良好な状態に保つことは，健康にして快適な生活のために不可欠な事柄であつて，これが一定の限度をこえて破壊されるときは，人の生命，健康が害されるにいたることを思えば，人がそのような生活環境をその受忍すべき限度をこえて破壊されないことについて有する利益は，法的保護に値する利益であるといいうるとしても，生活環境に及ぶ影響が右に述べた程度に達しない場合には，人がその生活環境の保持について有する利益をもつて，行政事件訴訟法第9条にいう『法律上の利益』に当たると解することはできない」との前提を示した。次に，裁判所は，原告らが主張する「環境権」の侵害の具体的内容について検討するのであるが，横断歩道橋の設置により「付近の風致美観が害されると感ずるかどうかは，多分に主観的，情緒的価値評価の問題で」あり，「人の生活環境をその受忍すべき限度をこえて破壊するものとはとうてい考えられない」などと指摘したうえで，「原告ら主張の利益は，法律上の利益に当たらない」などと判示した。こうして，「原告らは，本件取消しを求めるにつき法律上の利益を有するとは認められないから，原告適格を欠くというべきである」と結論した。つまり，この訴訟は，不適法，却下とされたのであった。

この国立歩道橋事件で争われた環境権ないし景観権は，憲法領域では，人権ということができるか，すなわち，憲法13条（あるいは憲法25条も）を根拠とする権利といえるか，あるいは，憲法上の保護の対象となるかを議論するのであるが，訴訟で争おうとすると，以上にみたような対応を裁判所から受ける。また，他のいわゆる環境権訴訟の場合も，環境権を権利として認知できないと裁判所は一貫して判示しているのが実情である。

　＊　国立歩道橋事件では，このように，環境権といっても景観権というべき権利の保護が求められたが，この後，2004（平成16）年に景観法が制定され，各地の自治体ではいわゆる景観条例が制定されており，いくつかの訴訟も提起され，裁判所による救済姿勢に変化が生じるのではないかと，関心がもたれている。たとえば，国立マンション訴訟に対する最一判平18・3・30民集60巻3号948頁およびその下級審判決や関連判決をみるとよい。

　以上の具体例が示すように，行政・憲法訴訟では，救済を得ようとする権利・利益が行政事件訴訟法9条の求める「法律上の利益」ないし法律上保護された利益であると認められなければ，実体的救済が得られず，違憲の争点に対する裁判所の判断も示されないこととなる。

●行政・憲法訴訟提起の主体　　行政・憲法訴訟の様相を知ろうとする本書の目的との関係で，訴訟提起の主体の問題にも関心を向ける必要がある。行政訴訟において，通常は，市民・住民が行政権を相手に訴えを起こすことが想定されている。第1章でみた在外日本人選挙権制限違憲訴訟の場合も，上記の訴訟要件にかかる具体例もすべてそうであった。それでは，行政権が訴え提起の主体となることはないのであろうか。上述の箇所ですでに確認した当事者訴訟の場合は，通常の民

事訴訟に似た訴訟であり,行政機関と市民・住民との間で,それぞれが対等の訴訟主体となって争う形となっている。したがって,行政権が訴えを起こす側,つまり原告となってもおかしくない。行政事件訴訟法のどこにもそれを正面から否認する規定はみられない。ところが,実は,このことにかかわる問題が深刻な論議のテーマとなっている。それにかかわる本格的な議論を展開しないと問題の意味がしっかり把握できないおそれあるが,行政・憲法訴訟の姿をつかむ本書の目的との関係で,主要な論点についてふれておくことにする。

これにかかわる具体例は,宝塚市パチンコ店等規制条例事件である。この事件において,宝塚市長は,宝塚市パチンコ店等,ゲームセンター及びラブホテルの建築等の規制に関する条例8条に基づいて,市内でパチンコ店を建築しようとする者（Y）に対し,建築工事の中止命令を発したが,これに従わないため,宝塚市（X）は,Yに対してその工事を続行してはならない旨の裁判を求めた。下級審裁判所は,その宝塚市の条例が風俗営業法および建築基準法に違反すると判断し,Xの請求を棄却したのであるが,2002年の最高裁判決は,「国又は地方公共団体が専ら行政権の主体として国民に対して行政上の義務の履行を求める訴訟は,裁判所法3条1項にいう法律上の争訟に当たらず,これを認める特別の規定もないから,不適法というべきである」と判示し,訴えを却下した。その判決で,最高裁判所は,国や地方公共団体が財産権の主体として自己の財産上の権利利益の保護救済を求める場合は,法律上の争訟であるともいう。

* 神戸地判平9・4・28判時1613号36頁，大阪高判平10・6・2判時1668号37頁。
** 最三判平14・7・9民集56巻6号1134頁。

　憲法の基本的理解として，司法権とは具体的な法的紛争が生じているとき法を適用してこれを解決する権限だと学び，あらゆる紛争の法的解決は，すべて司法権が行うことになっている，つまり行政権など司法権以外にはその権限が認められていないと受け止めている者にとっては，この最高裁判所の判示をすなおに理解することが困難である。学説上は，この判決をめぐって議論が交わされているが，少なくとも，この判決が紛争の解決の先例として採用されているという事実をも知っておかなければならない。それは，いわゆる杉並区住基ネット訴訟に対しての裁判である。すなわち，杉並区が東京都に対して，住民基本台帳ネットワークシステムを通じて送信する場合に，東京都がこれを受信する義務を有することの確認を求める訴えを提起したところ，下級審裁判所は，このような訴訟は，地方公共団体相互間の権限の存否または行使に関する訴訟であり，財産権の主体として自己の財産上の権利利益の保護救済を求めるものでないから，法律上の争訟に当たらないとして，却下の裁判をし，最高裁判所は，ことば少なにその上告をしりぞけている＊。

* 東京地判平18・3・24判時1938号37頁，東京高判平19・11・29判例自治299号146頁，最三判平20・7・8（判例集未登載）。

　このように，行政・憲法訴訟においては，判例法理の当否はともかく，訴え提起の主体について制約があることを知っておかなければならない。

●立法の不作為訴訟の可能性　国会が憲法の命ずるように法律を制定することを怠っていることを捉えて提起する訴訟を立法の不作為訴訟と呼ぶ立場がある。本件もこれに関係しているようであるので、これにも一応関心を向けることとする。一応というのは、立法の不作為訴訟という訴訟方式を別個に設けることが適切でないと思えるからであり、否定的態度での考察である。また、これは、次章でみる実体論にかかわることでもあるが、訴訟提起の方式の問題としてここで取りあげる。

本件の最高裁判決も、立法の不作為訴訟という訴訟形式を個別の存在として認めていない。それは、「立法の内容又は立法不作為」とか「国会議員の立法行為又は立法不作為」という表現をしているところに表われている。実際に、ある法規定が違憲であるというとき、その規定内容が違憲だと主張するのと、規定を合憲となるよう改めない不作為が違憲だと主張することとの間に明確な区別をすることができないのである。本件でも、公選法附則8項の規定内容の合憲性とそれを長い間改めない不作為の合憲性とは、区別する必要のないことであった。

ただ、憲法の趣旨からして何がしかの法律や法規定を制定しない国会の不作為を裁判所に是正してもらおうとすると、国会の立法権限と司法権の権限範囲との間に問題が生じる。最高裁判所は、そこで、「国会議員の立法行為は、立法の内容が憲法の一義的な文言に違反しているにもかかわらず国会があえて当該立法を行うというごとき、容易に想定し難いような例外的な場合でない限り、

国家賠償法１条１項の規定の適用上，違法の評価を受けないものといわなければならない」と判示し，この趣旨を維持してきた。本件判決は，この先例の在宅投票制度廃止違憲訴訟判決と異なる趣旨をいうものでないと判示しており，その理由が全く示されていないから容易に理解しがたいところもあるものの，司法審査の権限の範囲内での合憲性判断を下していることにおいて本件も異ならないと説いたものだといえる。

* 最一判昭60・11・21民集39巻7号1512頁・判時1177号3頁。なお，この判決においても国会議員の立法行為には，立法不作為も含むことを明言し，立法の不作為を別個に扱うことを認めていない。

●国家賠償請求の道　本件の上告人は，主位的，予備的請求に加えて国家賠償請求をし，それを最高裁判所が認めた。一人5000円の損害容認がいかなる意味をもつかについては第３章で検討することとして，ここでは，このような違憲の主張の仕方が行政・憲法訴訟の訴え提起の方法の一つとして存在していることを前提に，考察しておこう。

　本件で，上告人らは，金銭賠償を得ること自体を目的としているのではなく，他の請求では訴えの適法性が否定されるおそれがあるから，これを主張したものといえる。もっとも，本件の下級審のように，これも容認しない裁判所の前ではいたしかたないが。しかし，実は，本件のみならず行政・憲法訴訟では，しばしばこの方式が用いられ，これは，憲法判断を得るための工夫だといってよい。

　なぜ国家賠償請求の道を選ぶかは，行政訴訟の制度上の障害に

よるものであり，それを1953年の皇居外苑使用不許可事件判決に＊遡ってみることができる。その判決では，5月1日のメーデーの日に行う集会が不許可になった処分の取消しを求めて争ったところ，裁判係属中にその日が過ぎ，訴えの利益がないとして却下され，憲法判断が得られなかったのである。そこで，以後，集会開催に対する不許可処分の合憲性を争う訴訟は，損害賠償請求訴訟の方式をとるようになっている。このような訴訟形式が適切か否＊＊かの問題はあるものの，行政・憲法訴訟の様相としては重要なことである。

＊　最大判昭28・12・23民集7巻13号1561頁。
＊＊　たとえば，泉佐野市民会館使用不許可事件判決（最三判平7・3・7民集49巻3号687頁）を参照。

第3章　行政・憲法訴訟による憲法秩序の形成

●行政・憲法訴訟の目的　　　第1章で代表例としてみた在外日本人選挙権制限違憲訴訟（以下では，単に「本件」という）に対する判決の結果，原告らは在外選挙権の行使が可能となった。これは，憲法15条が保障する選挙権についての新たな憲法秩序が形成されたことを示している。そもそも行政・憲法訴訟の目的は，このような新たな憲法秩序を生み出すことであるといえるから，本件は，目的を達成できたわけである。そこで，このことを基本において，行政・憲法訴訟の目的にかかる諸問題を考察して，ここでの関心事である行政・憲法訴訟の様相の理解を深めることにする。

　＊　すでにふれたように，本件の判決の後，国会は，本件で違憲とされた附則8項を削除する公選法の改正を行い，現在では，在外日本人は，衆参両議院議員選挙に投票することができるようになっている。

●本件判決への注目点
　──堅実な違憲判断，射程，厳格な審査　　　第一に注目すべきは，上で指摘したように，訴え提起者の意図したとおりの望ましい憲法秩序がもたらされたことである。しかし，これが行政・憲法訴訟の常態であるわけではない。むしろ，最高裁判所は，行政・憲法訴訟に対して，新たな憲法秩序の形成をすることに消極的な傾向であったといった方がよい。それ故，本件判決は，強い注目に値するほど特別な判決であるといえるのである。すると，本件判決は，なぜ特

にこのような結果をもたらすことになったのか、ということに関心が及ぶ。これについては、すでに第1章の最後の部分で、本件をとりまく状況をみて、若干の要因の存在を確認している。そこで確認した要因とともに、本件判決の意義を分析してみると、登場することとなった由縁に納得がいくこととなる。ここでは、そのような分析の仕方が広く他の行政・憲法訴訟の提起や裁判の動向について少なからず意義があることを認識しておこう。*

* 行政法学においても、行政訴訟が新たな憲法秩序を形成するという観点から判例を分析する姿勢は、過去にはほとんどなかったといってよいが、近年では、他の法領域との関連性をみる姿勢の意義が次第に認識されているようだ。これは、法実務にとっては、当然のことであるのだが。

ただし、本件判決が12人の裁判官による違憲判断であり、後述するように、反対意見の1人の泉徳治裁判官は、国家賠償請求について棄却すべきことを説いており、実質的反対意見は、わずか2人の裁判官であったことには注目しておかなければならない。このように圧倒的多数で法廷意見が形成されていることは、違憲判断の意義が堅実であるといえるからである。そこには、福田博裁判官の存在が大きいといわれている。彼は、補足意見において、反対意見への反論を述べているのだが、その結びの箇所で、「在外国民が本国の政治や国の在り方によってその安寧に大きく影響を受けることは、経験的にも随所で証明されている」とし、「代表民主主義の国であるはずの我が国が、住所が国外にあるという理由で、一般的な形で国民の選挙権を制限できるという考えは、もう止めにした方が良いというのが私の感想である」と述べている。ここから、合議の席での福田裁判官の熱心な論述の姿が想像

されるようである。
*

* 外務省の官僚から最高裁判所入りした福田裁判官は，本件判決言渡し前に定年で退官したが，在外選挙の実現に大変熱心であったといわれており，本判決は，彼の熱意が結実したものといえるようだ。

　第二の注目点は，本件判決の射程についてである。公職選挙法が設けている選挙制度のもとで，実際に選挙権の行使ができない状態にある者は，在外国民の場合だけではない。公職選挙法11条には，選挙権および被選挙権を有しない者として，5つの場合を設けているが，このうち，選挙にかかわる罪を犯したこととの関係で権利行使の停止が規定されているのはともかくとして，成年被後見人や禁固以上の刑に処せられた一定の者についてまでもその扱いをすることに果たして合理的な根拠があるものか疑問を投じる見解がある。また，頻繁に転勤をしているサラリーマンは，引き続き3箇月以上当該市町村において住民基本台帳に記録されていなければならないという要件との関係で，選挙権を行使することにつき困難な状態におかれ，実際には投票しない者が多いといわれている。あるいは，ホームレスとならざるを得なくなった者についても，たまたま生活している地域が住民基本台帳に記録されている地でないことなど，選挙権行使を妨げる事情が存在している。自宅を離れて学業を続ける大学生の場合，住民票を移していないため，現在地でも郷里でも選挙権を行使できないという例もある。これらの場合に，本件判決の趣旨を及ぼすことが可能といえるだろうか。さらに，最高裁判所裁判官の国民審査については，本件と同様に在外国民が投票できないのであるが，これを

違憲だと主張して，在外日本人3人が次回審査において投票できる権利の確認を求める訴訟を提起したところ，東京地方裁判所がこれを却下する判断を下した例についても，本件判決の射程の問題として検討する必要がある。

* 東京地判平23・4・26（判例集未登載）。

第三の注目点は，本件判決が厳格な審査のもとに違憲の判断を下したことである。最高裁判所の憲法裁判の中で，典型的ともいうべき厳格な審査を行った例としては，本判決が初めてといってよく，その意味では，このことがもっとも重要な注目点といってよい。

典型的な厳格な審査とは，厳格な審査基準を適用して違憲の結論を導くことを指しているのだが，本件判決では，選挙権を制限する正当化根拠として「やむを得ない事由」(本書11頁の②，12頁の③参照）があるか否かを問うているところにそれが表われている。本件の最高裁判所は，この「やむを得ない事由」という語を何度も使っており，また，すでに確認しているように（本書16頁の⑤㈡参照）そのような審査を導く理由として選挙権が重要な権利であること，また，選挙権は行使することができなければ意味がないことをあげている。これは，人権を制限する側である，立法者ないし国の側に厳しい正当化事由の立証を求める手法であり，厳格な審査と呼ぶにふさわしい。

* この「やむを得ない事由」とは，学説上の「やむにやまれぬ利益」とか「どうしても必要な利益」と同じ内容であり，厳格な審査基準の典型である。

また，本件判決は，憲法が保障する選挙権の意義から説き起こ

してそのような厳格な審査を行っており，その論述の後に，第2章で分析した訴訟手続の問題に考察を進めている。通常の裁判では，まず訴訟手続きについての判断を行い，それを済ませてから実体判断に進むのであるから，この逆の論述展開は，めずらしい方式だと観察することができる。

さて，行政・憲法訴訟の様相を知ろうとする本書の目的との関係では，本件判決は，以上でみたように特別な存在のようであるから，これをもって目的が達成されたというわけにはいかず，本件判決とは対照的な憲法秩序の形成に消極的な審査にも目を配らなければならない。そこで，以下では，本件判決を基盤に導き出せるいくつかの問題を順にとりあげていくことにする。

●立法裁量論と立法事実論　　まず，本件判決の法廷意見は，上でみたように，憲法秩序の積極的形成に寄与したのであるが，これと対照的に消極的姿勢を示す法理はいかなるものか，確認しておくことが必要である。これについては，本件判決での反対意見をみればよい。

本件判決で，横尾裁判官と上田裁判官による反対意見は，法廷意見と真っ向から対立する考えであった。それは，要するに憲法43条2項，44条，47条に定めるとおり，憲法は，衆参両議院の議員の選挙制度の仕組みについての具体的な決定を原則として国会の裁量にゆだねている。そして，在外国民が選挙権を行使するにあたって，国内に居住する国民の場合に比べて，さまざまな社会的，技術的な制約が伴うので，在外国民にどのような投票制度を用意すれば選挙の公正さ，公平さを確保し，混乱のない選挙を実

現することができるのかということは，国会において正当に考慮しなければならないことであり，そのことは国会の裁量判断にゆだねられている。違憲だとの主張の対象たる公選法の規定も，その裁量判断の結果であり，そこにはそれなりの合理性が認められ，裁量判断を濫用ないし逸脱するものでなく違憲とはいえない，と説いているのである。

この反対意見が厳格度の緩い審査をしていることは，先例との関係では説得力をもっているとみることもできる。選挙権保障の事例としては，一連の議員定数不均衡訴訟に対する判決がある。そこでは，違憲判断もみられるが，審査方式は，一貫して立法裁量の余地を認める厳格な合理性の基準とか中間審査の基準を採用するものであった。つまり，投票価値の平等を実現することは，憲法14条から導かれる憲法上の要請であるが，他方で，立法者には選挙制度を設けることにかかる裁量判断を憲法が認めており，その裁量権限の逸脱・濫用といえるような場合にはじめて違憲となるとの判断を貫いてきていた。

* 一連の議員定数不均衡訴訟判決のうち，主要なもののみをあげると，衆議院議員について，最大判昭51・4・14民集30巻3号223頁・判時808号24頁，最大判昭58・11・7民集37巻9号1243頁・判時1096号19頁，最大判昭60・7・17民集39巻5号1100頁・判時1163号2頁，最大判平11・11・10民集53巻8号1441頁・判時1695号46頁，および，最大判平23・3・23判時2108号31頁，参議院議員について，最大判昭39・2・5民集18巻2号270頁・判時361号8頁，最大判昭58・4・27民集37巻3号345頁・判時1077号30頁，最大判平21・9・30民集63巻7号1520頁・判時2053号18頁など。これらの判示内容をみて，本件判決との比較をすることを勧める。

もっともそれらは，投票価値の平等を実現することにかかる事例であって，広く選挙権の制限ということでは共通かもしれない

が，選挙権行使自体を不可能としていることを問題とした本件とは区別すべきといえる。法廷意見は，議員定数不均衡訴訟判決の先例には言及していないが，その理由をこうした区別に求めることが可能かもしれない（「かもしれない」と不確かな表現をするのは，最高裁判決では，先例との区別を立ち入って行わないからであり，このような判断方式の改善を求めたい）。

選挙権行使の制限との関係では，在宅投票制度廃止違憲訴訟判決[*]が先例としてもっとも近いといえる。しかし，その判決は，国家賠償請求訴訟に対するものであり，本件とは訴訟形式において違いがあるとの区別が可能である。これについては，この後にふれることとする。

  * 最一判昭60・11・21民集39巻7号1512頁・判時1177号3頁。

そこで，法廷意見とこの反対意見との間で，結論を異にさせた要因は何かを考えてみる必要が生じる。もちろん，立法府の判断をなるべく尊重して，裁判所がそこに介入することを控えようとする司法哲学の違いが現れたといってしまえば，それはそれで説明がつく。ただ，そのような司法哲学の違い（司法積極主義と司法消極主義の考え方ともいう）には，理由の展開においてどのような特徴があるかの分析をしておくことも意義がある。

それは，立法事実論[*]の違いだとみることができる。反対意見の2人の裁判官は，選挙権の制限が正当化されるためには，「やむを得ない事由」がなくてはならないと，法廷意見と同じ見解を示している。そうであるにもかかわらず，厳格な審査に至らなかったのは，立法事実の審査に踏み切らなかったからだとみることが

できる。被上告人の国側は，在外国民に候補者個人に関する情報を伝達することがきわめて困難であること等を勘案して，衆議院小選挙区選出議員および参議院選挙区選出議員の選挙での投票の機会をあたえないこととしたとの主張をしていた。しかし，インターネットの発達により，候補者個人のホームページをみれば，候補者個人の情報を日本国内にいなくても得ることができるし，参議院の比例代表選挙については，拘束名簿式から非拘束名簿式に改正され候補者個人に投票できるようになっているなど，正当化根拠に変化が生じていた。法廷意見は，その立法事実の変化にまで踏み込んで，「やむを得ない事由」の存在を認めなかったのであるが，反対意見は，そこにまで立ち入ったうえでの判断をしなかったのである。

* 立法事実とは，法律の制定を根拠づけ，法律の合理性を支える社会的・経済的・文化的な一般事実のことをいう。この意味の立法事実を判断に取り入れる裁判手法を立法事実論と呼ぶ。

こうして，立法事実論の採否が厳格な審査となるか否かの別れ目であったといえる。しかし，立法事実論の採否は，あくまで裁判所ないし裁判官の裁量判断によるものであり，そこに確定したルールがあるわけではない。

●国家賠償請求　　本件判決の特徴の一つは，違憲の判断とともに国に対する損害賠償の請求が認められたことである。これに対して，泉裁判官の反対意見があることはすでに確認している。泉裁判官は，国に対する損害賠償請求の意義を基本的に認めたうえで，次のように説いている。

「しかしながら，本件で問題とされている選挙権の行使に関していえば，選挙権が基本的人権の一つである参政権の行使という意味において個人的権利であることは疑いないものの，両議院の議員という国家の機関を選定する公務に集団的に参加するという公務的性格も有しており，純粋な個人的権利とは異なった側面を持っている。しかも，立法の不備により本件選挙で投票をすることができなかった上告人らの精神的苦痛は，数十万人に及ぶ在外国民に共通のものであり，個別性の薄いものである。したがって，上告人らの精神的苦痛は，金銭で評価することが困難であり，金銭賠償になじまないものといわざるを得ない。英米には，憲法で保障された権利が侵害された場合に，実際の損害がなくても名目的損害（nominal damages）の賠償を認める制度があるが，我が国の国家賠償法は名目的損害賠償の制度を採用していないから，上告人らに生じた実際の損害を認定する必要があるところ，それが困難なのである」と。さらに，精神的苦痛に対し金銭賠償をすべきとすると，議員定数不均衡問題についても及ぼすべきこととなり，それは膨大な数の選挙人への賠償となり，そうなると賠償の対象となる選挙人と財源の税の負担者とが重なり合うことなど，結局，これは，国家賠償法が賠償の対象として想定するところではないといわざるを得ないなどと説いている。

　この論旨は，説得力があり，また，選挙人一人あたり5000円という賠償額についても合理的算出根拠があるのか疑問とされるので，本件判決の国家賠償認容部分については，賛同しない学説も少なくない。しかし，本件との関係で国家賠償請求をどう評価す

るかはともかく，泉裁判官も認める国家賠償請求という訴えの方式の一般的意義については，行政・憲法訴訟の様相を理解するために関心を深めておく必要がある。同裁判官は，その意義を次のように指摘している。すなわち，「一般論としては，憲法で保障された基本的権利の行使が立法作用によって妨げられている場合に，国家賠償請求訴訟によって，間接的に立法作用の適憲的な是正を図るという途も，より適切な権利回復のための方法が他にない場合に備えて残しておくべきであると考える。また，当該権利の性質及び当該権利侵害の態様により，特定の範囲の国民に特別の損害が生じているというような場合には，国家賠償請求訴訟が権利回復の方法としてより適切であるといえよう。」しかし，ここにいう，「立法作用の適憲的な是正を図るという途」なるものは，きわめて限られた場合であることを確認しておかなければならない。

その確認は，いわゆる在宅投票制度廃止違憲訴訟判決をみることによりなすことができる。それは，いったんは設けられていた在宅投票制度が廃止され，復活する立法も行われなかったため国会議員等の選挙に際して投票できず，精神的損害を受けたとして国家賠償の請求をした訴訟に対するものであるが，最高裁判所は，次のように判示した。すなわち，「国会議員は，立法に関しては，原則として，国民全体に対する関係で政治的責任を負うにとどまり，個別の国民の権利に対応した関係での法的義務を負うものではないというべきであつて，国会議員の立法行為は，立法の内容が憲法の一義的な文言に違反しているにもかかわらず国会があえ

て当該立法を行うというごとき，容易に想定し難いような例外的な場合でない限り，国家賠償法1条1項の規定の適用上，違法の評価を受けないものといわなければならない」と。

　＊　最一判昭60・11・21民集39巻7号1512頁・判時1177号3頁。

　この判示によれば，立法の内容が憲法の一義的な文言に違反しているようなことはきわめて限られた場合であるといえるから，損害賠償が認められることはほとんどないこととなる。しかし，立法の内容が違憲というのではなく，違法であるとの主張については，国家賠償請求にはそれなりの意義があるとされている。すなわち，国家賠償請求の方式は，行政訴訟の機能不全を補完する役割，あるいは行政訴訟が機能不全であるためそれに代替する役割を果たすことになっているとの指摘もなされている。そこで，行政・憲法訴訟から離れて，行政訴訟場面に目を移して，検討することを勧める。

●隠れた憲法上の争点　　行政・憲法訴訟の様相を把握しようとするとき，とかく憲法上の争点が当該訴訟に存在していることを念頭に置きがちとなる。しかし，憲法上の争点が表に出ていないときでも，行政・憲法訴訟の範疇に取り込んでおくべき訴訟や裁判が存在する。最後に，このことを若干の例をみながら確認しておくこととする。

　憲法上の争点が表に出ていないといっても，当事者主義の裁判においては，当事者が主張していないことには原則として裁判所は答える必要がない。したがって，ここで注目しようとしているのは，違憲の主張をしている行政・憲法訴訟であっても，裁判所

がその憲法上の争点には正面から答えることなく，しかし，実質的には憲法秩序の形成に何がしか貢献しているといえる裁判のことを取りあげようとしている。つまり，本件の裁判とは全く対照的な例のことである。

　具体例は，集会の自由の制限に関するものである。憲法判例として有名な1995年の泉佐野市民会館使用不許可事件判決*は，集会のための市民会館の使用不許可処分の合憲性判断について，明白かつ現在の危険のテストを導入した比較衡量判断を打ち出したことで，憲法判例として注目されている。ところが，その翌年の上尾市福祉会館事件に対する最高裁判決**は，同様に集会のための会館使用不許可処分を争うものであるにもかかわらず，前年の先例を引用することなく，また，憲法21条が保障する集会の自由の意義にふれることなく，不許可処分を違法と判断している。また，公立学校施設を教職員組合の教育研究集会をするため使用許可を求めたことに対して目的外使用だとしてした不許可処分を，それが裁量権の逸脱・濫用であり違法だと判示した2006年の最高裁判決***も，憲法の集会の自由の意義にふれていない。

　　*　最三判平7・3・7民集49巻3号687頁。
　　**　最二判平8・3・15民集50巻3号549頁。
　　***　最三判平18・2・7民集60巻2号401頁。

　このような例に照らすと，行政訴訟中で違法であることが必ずしも違憲となるわけでないが，憲法秩序にはおおいに関係していることを知ることができる。また，違法であることが，法律の規定に違反していることに留まるのか，憲法の命ずるところに反す

ることまでも含んでいるのか，追究しないままとなっていること
もあるようだ。これは，行政・憲法訴訟にかかわる課題といって
よい。

第 II 部

民事訴訟としての憲法訴訟
―三菱樹脂事件―

第4章　民事・憲法訴訟の様相

●民事・憲法訴訟の基本　　民事訴訟としての憲法訴訟（以下では，民事・憲法訴訟と呼ぶことにする）について基本的理解をするために，第Ⅰ部と同様に，いきなりその代表例をみて，そこで観察したところを基盤に考察を進めていくことにする。ただし，若干の下準備をしておこう。

　民事の法的紛争は，私人と私人との間の争いであるから，憲法は無関係だといわれることがある。私法学者は，通常，民事訴訟・民事裁判を研究するにあたり，憲法のことなど視野に入れないようだ。以前（筆者が研究者の道を歩み始めた頃），民法学者の中には，憲法をもちだすようではもう法律論ではないなどという者がいたことがあった。しかし，憲法訴訟が発展し，それをめぐる議論が私法分野にも及ぶようになったためか，そのような声はあまり耳に入らなくなった。しかし，念のため，民事訴訟に憲法が無関係でなく，憲法のことを取り込んだ議論が立派な法律論の性格をもつことをまずここで宣言し，その実情をこの第Ⅱ部でみることに努めよう。

　他方，憲法学者の間では，私人間訴訟の問題，あるいは，憲法の私人間効力論が盛んに展開されていて，私人間訴訟では憲法が不適用だとの考えも説かれている。しかし，以下では，この憲法の私人間効力議論に付き合って，いかなる主張が正しいかなどといった考察はしない。私人間訴訟の代表例だとされている三菱樹

脂事件を取りあげることにおいては，その私人間効力論と同じであるが，以下では，この事件に対する最高裁判所の判断を出発点として，つまりそこにとどまらないで，そこから発展させて，民事・憲法訴訟の実際をよく観察して，憲法価値の具体的実現の様相を理解することがここでの主たる目的である。

* 私は，憲法の私人間効力論について，憲法訴訟の目的との関係では生産的でないし，無用な議論だと思っている。しかし，以下の叙述でそのような批判論を展開し，読者を説得するつもりはない。本書の読者には，私のように無用な議論といえるか，それとも，無効力説，直接効力説，間接効力説，あるいは新無効力説など新を付した説のどれが納得のいく議論かの検討を各自にゆだねることにしたい。

●必読判例の一つ　　三菱樹脂事件（以下では，単に「本件」という）は，1963（昭和38）年にそれが東京地方裁判所にもたらされて以来，1973年の最高裁判決を経て，差戻し審の途中の1976年に和解がなされて終結した後も，折々に取りあげられる重要事件である。それは，後に確認するように，最高裁判決により問題が決着したわけでなく，むしろ，憲法訴訟上考察すべきことがいろいろ浮き彫りになったからである。それ故，必読判例の一つといってよく，ここで取りあげるのである。

* 読者は，第Ⅰ部におけると同様，この事件の最高裁判決（最大判昭48・12・12民集27巻11号1536頁・判時724号18頁）およびその下級審判決（東京地判昭42・7・17判時498号66頁，東京高判昭43・6・12判時523号19頁）にしっかりと目をとおすことが望ましい。以下の論述は，しっかり読んだ者にとっては，読みとったことの確認となり，これから読もうとする者にとっては，予備知識となるよう，多少の解説を付した要約となっている。

●事実の概要　　本件の事実は，概略次のようである。
原告のXは，東北大学法学部を卒業し，1963

第4章　民事・憲法訴訟の様相　51

年3月28日に三菱樹脂株式会社（Y）に入社した。入社すると，Xは，3箇月の試用期間を経て，正式にYとの雇用関係が成立するのであるが，Yが，雇用契約上留保した解約権を行使したため，試用期間の満了する同年6月28日に本採用拒否の告知を受けた。YがXを不採用とする理由は，団体加入の有無・学生運動歴等についての身上書への虚偽申告（秘匿）や入社試験の際の虚偽回答などが「会社の信頼を著しく裏切るものであり，会社の管理職要員として不適格である」などというものである。そこでXは，その告知を無効として，雇用契約上の地位の確認と賃金の支払いを求める訴えを提起した。

* ただし，虚偽申告とか虚偽回答とかここで要約している事実がいかなる性格の内容であるかについては検討する必要があるようで，後に示すように，本件の最高裁判所は，そのことに関連させて差し戻している。

●下級審判決　第1審（東京地判昭42・7・17判時498号66頁）は，両当事者の主張をつぶさに検討したうえで，「会社が原告につき管理職不適格の判定をするにいたつた経緯には一応，宥恕さるべき点もないわけではないけれども，……なお調査に疎漏が存したと推認して妨げなく，右判定は結局，主観の域を出なかつたものというべきであるから，一方，原告が従属的労働者である事実と対比するときは，会社がなした雇傭の解約申入は，なお，その恣意によるものと認めるのが相当であつて，解雇権の濫用にあたるものとして，効力を生じるに由がないものである」と判示し，Xの請求をほぼ容認した。Yはこれを不服として控訴し，Xも棄却された請求部分について控訴を提起した。

第2審（東京高判昭43・6・12判時523号19頁）は，「人の思想，信条は身体と同様本来自由であるべきものであり，その自由は憲法第19条の保障するところでもあるから，企業が労働者を雇傭する場合等，一方が他方より優越した地位にある場合に，その意に反してみだりにこれを侵してはならないことは明白というべく，人が信条によつて差別されないことは憲法第14条，労働基準法第3条の定めるところであるが，通常の商事会社においては，新聞社，学校等特殊の政治思想的環境にあるものと異なり，特定の政治的思想，信条を有する者を雇傭することが，その思想，信条のゆえに直ちに，事業の遂行に支障をきたすとは考えられないから，その入社試験の際，応募者にその政治的思想，信条に関係のある事項を申告させることは，公序良俗に反し，許されず，応募者がこれを秘匿しても，不利益を課し得ないものと解すべきである」と，憲法の人権保障規定に照らした判断をし，Yの控訴を棄却した。そこで，Yは上告し，憲法19条，14条は私人間の関係を直接規律するものではないなどと主張した。

　なお，上告審の最高裁判所には，両当事者がそれぞれ法律学者による鑑定意見書を提出した。X側では，本件のように大企業と私人の関係に憲法規定の適用があること，他方，Y側では，私的自治を重視すべきで憲法の直接の適用がないことが主として論じられていた。このことについては，以下に最高裁判所の判断の内容をしっかりみてから，第5章，第6章で検討することにする。

●最高裁判所の判断　　最高裁判所は，次のように論じて破棄差戻しの判決を下した。

①まず、憲法の人権保障規定（この判決では、基本権規定といっている）は、国と個人の関係を規律するものであることを次のように論じている。

「〔憲法19条、14条の〕各規定は、同法第3章のその他の自由権的基本権の保障規定と同じく、国または公共団体の統治行動に対して個人の基本的な自由と平等を保障する目的に出たもので、もつぱら国または公共団体と個人との関係を規律するものであり、私人相互の関係を直接規律することを予定するものではない。このことは、基本的人権なる観念の成立および発展の歴史的沿革に徴し、かつ、憲法における基本権規定の形式、内容にかんがみても明らかである。のみならず、これらの規定の定める個人の自由や平等は、国や公共団体の統治行動に対する関係においてこそ、侵されることのない権利として保障されるべき性質のものであるけれども、私人間の関係においては、各人の有する自由と平等の権利自体が具体的場合に相互に矛盾、対立する可能性があり、このような場合におけるその対立の調整は、近代自由社会においては、原則として私的自治に委ねられ、ただ、一方の他方に対する侵害の態様、程度が社会的に許容しうる一定の限界を超える場合にのみ、法がこれに介入しその間の調整をはかるという建前がとられているのであって、この点において国または公共団体と個人との関係の場合とはおのずから別個の観点からの考慮を必要とし、後者についての憲法上の基本権保障規定をそのまま私人相互間の関係についても適用ないしは類推適用すべきものとすることは、決して当をえた

解釈ということはできないのである。」

ここでは，憲法の教科書・概説書の説明同様，人権保障規定は，国または公共団体と個人の間を規律するものであることを説いていて，そのかぎりでは，別段注目することはないが，私人間への適用について，「そのまま」適用ないし類推適用すべきでないとしていることに注意する必要がある。つまり，人権保障規定が私人間にはおよそ適用されないなどとはいっていないのである。また，私人間の関係は，私的自治が原則であり，その原則の例外として，「一方の他方に対する侵害の態様，程度が社会的に許容しうる一定の限界を超える場合」をあげ，そこに法の介入の余地があると説いていることも無視できない。

②そのことを受けて，最高裁判所は，私人間における人権保障規定を適用する場合のあり方に論述を展開している。

「もつとも，私人間の関係においても，相互の社会的力関係の相違から，一方が他方に優越し，事実上後者が前者の意思に服従せざるをえない場合があり，このような場合に私的自治の名の下に優位者の支配力を無制限に認めるときは，劣位者の自由や平等を著しく侵害または制限することとなるおそれがあることは否み難いが，そのためにこのような場合に限り憲法の基本権保障規定の適用ないし類推適用を認めるべきであるとする見解もまた，採用することはできない。何となれば，右のような事実上の支配関係なるものは，その支配力の態様，程度，規模等においてさまざまであり，どのような場合にこれを国または公共団体の支配と同視すべきかの判定が困難であるばかりで

なく，一方が権力の法的独占の上に立つて行なわれるものであるのに対し，他方はこのような裏付けないしは基礎を欠く単なる社会的事実としての力の優劣の関係にすぎず，その間に画然たる性質上の区別が存するからである。すなわち，私的支配関係においては，個人の基本的な自由や平等に対する具体的な侵害またはそのおそれがあり，その態様，程度が社会的に許容しうる限度を超えるときは，これに対する立法措置によつてその是正を図ることが可能であるし，また，場合によつては，私的自治に対する一般的制限規定である民法1条，90条や不法行為に関する諸規定等の適切な運用によつて，一面で私的自治の原則を尊重しながら，他面で社会的許容性の限度を超える侵害に対し基本的な自由や平等の利益を保護し，その間の適切な調整を図る方途も存するのである。そしてこの場合，個人の基本的な自由や平等を極めて重要な法益として尊重すべきことは当然であるが，これを絶対視することも許されず，統治行動の場合と同一の基準や観念によつてこれを律することができないことは，論をまたないところである。」

ここでは，Xが主張したところ，すなわち，私人間の関係でも，一方が大企業のように国と結びつきが強い者であるときは——私的支配関係といっているが——，人権保障規定を適用ないし類推適用すべきとの法理について，それの受容を拒み，そのような私的支配関係においては，前述①でいう法の介入は，立法措置によるとか民法1条，90条，709条などのいわゆる一般条項（最高裁判所は，一般的制限規定と呼んでいるが）の適用とかの方式で調整

を図ることができると説いている。

③さらに、本件のYのような企業について、憲法秩序における扱いにも言及する。

「憲法は、思想、信条の自由や法の下の平等を保障すると同時に、他方、22条、29条等において、財産権の行使、営業その他広く経済活動の自由をも基本的人権として保障している。それゆえ、企業者は、かような経済活動の一環としてする契約締結の自由を有し、自己の営業のために労働者を雇傭するにあたり、いかなる者を雇い入れるか、いかなる条件でこれを雇うかについて、法律その他による特別の制限がない限り、原則として自由にこれを決定することができるのであつて、企業者が特定の思想、信条を有する者をそのゆえをもつて雇い入れることを拒んでも、それを当然に違法とすることはできないのである。憲法14条の規定が私人のこのような行為を直接禁止するものでないことは前記のとおりであり、また、労働基準法3条は労働者の信条によつて賃金その他の労働条件につき差別することを禁じているが、これは、雇入れ後における労働条件についての制限であつて、雇入れそのものを制約する規定ではない。また、思想、信条を理由とする雇入れの拒否を直ちに民法上の不法行為とすることができないことは明らかであり、その他これを公序良俗違反と解すべき根拠も見出すことはできない。」

この論述から明らかなように、私人間訴訟においても、憲法の規律について考慮することを排斥していない。最高裁判所は、Yが企業として雇入れの自由を有することを憲法22条、29条等を根

拠に説明しており，この自由の行使として特定の思想，信条を有する者を，それを理由として雇い入れないことがあってもただちに違法とならないと説明している。前述の①で注意喚起しておいたように，人権保障規定の私人間への適用について，「そのまま」適用ないし類推適用すべきでないとしていることの意味は，このような内容としても表われているのである。

④留保解約権の行使　以上の判示は，企業と雇われる者との間に人権保障規定がどのように働くのかについての基本的考え方を示したものであるといってよいが，これにつづけて，最高裁判所は，本件の争点に絞った判断に至っている。それは，Ｙによる雇入れの自由でも，雇用関係が成立した後の解雇でもなく，試用期間中での雇入れの拒否，すなわち留保解約権の行使という本件の問題についてである。関連判示部分を抜き出して列挙しておく。

「企業者は，労働者の雇入れそのものについては，広い範囲の自由を有するけれども，いつたん労働者を雇い入れ，その者に雇傭関係上の一定の地位を与えた後においては，その地位を一方的に奪うことにつき，雇入れの場合のような広い範囲の自由を有するものではない。」

「本件本採用の拒否は，留保解約権の行使，すなわち雇入れ後における解雇にあたり，これを通常の雇入れの拒否の場合と同視することはできない。」

「解約権の留保は，大学卒業者の新規採用にあたり，採否決定の当初においては，その者の資質，性格，能力その他Ｙのいわゆる管理職要員としての適格性の有無に関連する事項につい

て必要な調査を行ない，適切な判定資料を十分に蒐集することができないため，後日における調査や観察に基づく最終的決定を留保する趣旨でされるものと解されるのであつて，今日における雇傭の実情にかんがみるときは，一定の合理的期間の限定の下にこのような留保約款を設けることも，合理性をもつものとしてその効力を肯定することができるというべきである。それゆえ，右の留保解約権に基づく解雇は，これを通常の解雇と全く同一に論ずることはできず，前者については，後者の場合よりも広い範囲における解雇の自由が認められてしかるべきものといわなければならない。」

「留保解約権の行使は，上述した解約権留保の趣旨，目的に照らして，客観的に合理的な理由が存し社会通念上相当として是認されうる場合にのみ許されうるものと解するのが相当である。」

このように論じて，最高裁判所は，本件で本採用拒否の根拠とされているXの虚偽申告つまり秘匿等についての事実の解明が原審において不十分であるとし，次のように結論した。

「以上説示のとおり，所論本件本採用拒否の効力に関する原審の判断には，法令の解釈，適用を誤り，その結果審理を尽さなかつた違法があり，その違法が判決の結論に影響を及ぼすことが明らかであるから，論旨は，この点において理由があり，原判決は，その余の上告理由について判断するまでもなく，破棄を免れない。そして，本件は，さらに審理する必要があるので，原審に差し戻すのが相当である。」

●差戻し後の本件　このように、最高裁判所は、両当事者の主張のどちらかを容認して事件の決着をつけたわけではない。Yによる留保解約権の行使が客観的に合理的といえるかどうか、また、それが社会通念からみて相当として是認できるかどうかを原審でよく検討するようにと差し戻したのである。

　Xが入社した時点から10年余を経ているのに、入社にかかる事実を再審査することには疑問が投じられてもおかしくないのだが、すでにふれているように、1976年3月11日に和解が成立し、事件は終了した。事件は、ともかく裁判の場では決着し、Xは職場に復帰したのであるが、私人間への憲法の適用の問題は決着することなく、今日まで継続しているといってよい。これについて、章を改めて考察しながら、民事・憲法訴訟の様相の把握に努めよう。

第5章　違憲の争点と民事・憲法訴訟

●民事・憲法訴訟となるには　　民事訴訟は，私人間の訴訟であるから，憲法の適用がただちに可能となるわけでない。このことを第4章でみた。しかし，憲法の適用がただちに可能となるわけではない，とのいい方には気をつけなければならないことがある。それは，いっさい適用がないということと違い，時には適用があることや適用とはいえないが何らかのかかわりがあることも含んでいるからである。三菱樹脂事件（以下，単に「本件」という）は，両当事者が憲法のことにふれており，下級審の裁判でも最高裁判決でも憲法に言及している。憲法上の争点を伴う訴訟を憲法訴訟と呼ぶことにしているから，本件は，民事・憲法訴訟と呼ぶのにふさわしい例であったわけである。そこで，本件を出発点として，憲法上の争点を伴った民事訴訟——そこでは，当事者のどちらかが違憲の主張をしたり，憲法の意義の実現を求めたりしているはずだが——がどのような形式となっているのかを実例について観察し，民事・憲法訴訟の様相を把握することに努めよう。

なお，行政・憲法訴訟については，訴訟要件論に注目したが，民事・憲法訴訟においては，訴訟の様式に目を向けることとしている。※

　　※　憲法上の争点が存在することは，民事訴訟が最高裁判所へ上告できるための要件となっている。民事訴訟法312条1項（旧394条），327条1項（旧409条ノ

2）を参照。このことからも，民事・憲法訴訟は，法制度上の認知を得ていることが明らかとなる。

また，憲法の概説書でも指摘されていることだが，憲法が私人間の問題を明示的に規律していることをここで確認しておこう。

「すべて選挙における投票の秘密は，これを侵してはならない。選挙人は，その選択に関し公的にも私的にも責任を問われない」（憲法15条4項）と，選挙での投票の秘密は，私人間にも命じられている。

憲法18条の奴隷的拘束と苦役からの自由の定めは，私人間にも当然及ぶと解釈されている。

家族生活における個人の尊重と両性の平等をうたった憲法24条も私人間の規律を抜きにしては意味がない。

労働者の団結権，団体交渉権，団体行動権を保障した憲法28条も雇用者と被雇用者との私人間関係を前提としている。

これらは，すべて人権保障規定に属するが，これをみても明らかなように，憲法が私人間に適用されないなどと決めつけることは誤りであり，このことを前提に民事・憲法訴訟がどのような方式で存在しているのかを観察する。

●**個人と法人・団体・組織等との間の訴訟**　本件は，個人と企業との間で争われた訴訟であり，そこに憲法上の争点が存在していた。個人である原告側が主張していた違憲の争点を，最高裁判所は，正面からは取りあわなかったが，とにかく憲法問題と全く無関係ではなかった。そこで，個人と団体・組織等との間で争われる民事・憲法訴訟の方式が他にどのように

登場しているのかという関心のもとに，具体例を拾い出してみよう。

まず，昭和女子大学事件がある。これは，同大学在学の学生らが1961年10月頃，学内で，無届による政治的暴力行為防止法（いわゆる「政暴法」）反対の署名集めを行い，許可なく学外の政治団体への加入申込みをするなどしたため，大学学則にあたる「生活要録」に違反したとして自宅謹慎を申し渡され，さらにその大学の処分を批判するなどの行為を行ったためその学生らは退学処分を受けた事件である。学生らは，地位確認の訴えを提起し，「生活要録」およびそれに基づく大学の処分が憲法19条，21条，23条等に違反すると主張した。これに対して，第一審は，学生らの請求を容認し，控訴審はこれを覆した。これは本件と似た裁判過程であり，学生らの上告に応えた最高裁判決も，本件判決同様，学生らの人権侵害の主張を正面から取りあげなかった。その最高裁判所による実体判断については，第6章で検討することにしているが，このように，大学の他，高校などの私立学校が学生や生徒に対して行った処分などの不利益を課す行為を争う訴訟は数多く存在すること，そして，私立学校にかかる民事・憲法訴訟と国公立学校にかかる行政・憲法訴訟とで，学生，生徒らの裁判上の救済が特に異なっているわけでないことに注意する必要がある。このことについては，第6章で改めてふれることにする。

　　＊　　東京地判昭38・11・20判時353号9頁。
　　＊＊　 東京高判昭42・4・10判時478号16頁。
　　＊＊＊　最三判昭49・7・19民集28巻5号790頁・判時749号3頁。

さて，学校とは別に，個人と法人・団体・組織等との間の訴訟として関心を呼ぶのは，法律が加入を強制している団体・組織において，そこへの帰属者が自己の権利・自由の侵害救済を求める例である。その代表例として，南九州税理士会事件がある。税理士会は，税理士法に基づく強制加入団体であるが，南九州税理士会が税理士法改正運動に要する特別資金とするため，各会員から特別会費を徴収することにしたところ，ある会員（X）がそれを納入しなかったため，同税理士会の役員選挙の選挙人名簿に登載されなかった。そこで，Xは，特別会費納入義務の不存在確認と慰謝料の支払いを求めて訴訟を提起した。これに対して，第一審は，Xの請求を概ね容認し，控訴審は，反対に請求棄却としたため，Xは上告したのであるが，最高裁判決は，税理士会の会員たるXの思想・信条の自由との関係で税理士会の活動範囲を厳格に審査して，当該特別会費徴収が法の定める税理士会の目的の範囲外の行為であると判示した。その実体判断についての分析は後に行うとして，この訴訟では，団体・組織の帰属者の人権侵害の争点が私人間訴訟であることを理由に押しのけられるような扱いがなされていないことに強く注目しておかねばならない。

　　＊　　熊本地判昭61・2・13判時1181号37頁。
　＊＊　　福岡高判平4・4・24判時1421号3頁。
＊＊＊　　最三判平8・3・19民集50巻3号615頁・判時1571号16頁。

　これと同様な傾向は，群馬司法書士会事件においても認められる。この事件でも，司法書士法に基づく強制加入団体である司法書士会に所属している会員の思想・信条の自由等の侵害が問題と

された。すなわち，群馬司法書士会は，兵庫県司法書士会に対して，阪神・淡路大震災復興支援のための拠出金として一定金額を寄付すること，およびこのために会員から復興支援特別負担金徴収を行うことを決議したところ，その一部会員らは，その決議が違法・無効であるからその支払義務がないと主張して，その決議に基づく債務の不存在確認の訴えをしたのが事件の概要である。これに対して，最高裁判所は，その負担金徴収が会員の政治的または宗教的立場や思想・信条の自由を害するものでないと判示した。*

* 最一判平14・4・25判時1785号31頁。

前述の，南九州税理士会事件判決と比較した実体判断，すなわち憲法秩序の形成内容についての分析の必要があるが，それは後の課題として（第6章参照），ここでは，民事・憲法訴訟における憲法上の争点の扱いが本件判決とは同じレベルにないことを確認しておく。つまり，民事・憲法訴訟においてもっとも関心の的となっている憲法上の争点の扱い方については，一律の説明ができないほど実務の場面では多様だといえそうである。いや，多様だと断言できる実例をさらにみることができる。

●**憲法の趣旨を具体化した法律の適用**　本件判決は，私人間の争いについて直接憲法を適用しなくとも，別途の解決方法があると指摘している。その方法として，「私的支配関係においては，個人の基本的な自由や平等に対する具体的な侵害またはそのおそれがあり，その態様，程度が社会的に許容しうる限度を超えるときは，これに対する立法措置によつてその是

正を図ることが可能である……」と説くところがそれである（本書55頁の②を参照）。ここにいう立法措置の具体例の一つは，本件判決で言及されている労働基準法3条である。この規定は，労働者の信条によって賃金その他の労働条件につき差別することを禁じており，本件では試用期間中であるとして最高裁判所は否認したが，正式雇用関係が成立している場合には，当然適用されることとなる。そして，この労働基準法3条は，男女同一賃金の原則を定める4条とともに，憲法14条の平等原則を労働条件の基準として具体化したものである。それ故，労働者の雇用条件が差別的であるときは，憲法14条の平等原則を持ち出すまでもなく，労働基準法違反か否かを争えばよいのである。別言すれば，労働条件の差別的扱いの争いは，憲法14条の適用があるか否かの論議を無用のものとしているのである。他に，男女雇用機会均等法違反か否かが争点となっている民事・憲法訴訟についても，憲法の適用を問題とするまでもない。

　こうして，憲法の趣旨を具体化した法律の適用について争われている民事・憲法訴訟においては，憲法の直接の適用があるか否かを問う必要はないことが確認できた。また，私法関係に憲法価値の具体化をする立法がよくなされているならば，立法過程における憲法論議がその立法にかかわる民事・憲法訴訟の基盤となり，憲法規定の直接適用の議論を不要とするはずである。このことも，第6章での憲法秩序の形成論議に結びつけて考察することにしている。

●民法の一般条項に
かかわる争点

本件判決において、最高裁判所は、私人間の争いについて直接憲法を適用しないで解決する方法として、前項の場合の他にもう１点次のことを指摘している。すなわち、「また、場合によつては、私的自治に対する一般的制限規定である民法１条、90条や不法行為に関する諸規定等の適切な運用によつて、一面で私的自治の原則を尊重しながら、他面で社会的許容性の限度を超える侵害に対し基本的な自由や平等の利益を保護し、その間の適切な調整を図る方途も存するのである」と（本書55頁の②を参照）。本件もこれに属するかのようであったが、最高裁判所は、すでに指摘し確認しているように、その決着を下級審にゆだねたのであった。

そこで、本件とは別の民事・憲法訴訟に対して、最高裁判所自身が民法の一般条項の適用によって決着をつけた具体例を拾い出してみよう。その代表例として、日産自動車事件がある。この事件に対して、最高裁判所は、女子従業員の定年を男子従業員より５年早めている就業規則を民法90条により無効だと判決した。注目されることは、その結論を述べた箇所において、括弧書きで憲法14条１項を民法１条の２（現行では２条）とともに記したことである。このような判示の仕方は他に例がなくめずらしいのであるが、少なくとも、最高裁判所は、民法90条の公序良俗の内容として、憲法14条１項の平等原則が求めることを読み込んだということができる。

＊　最三判昭56・３・24民集35巻２号300頁・判時998号３頁。

このように、他の一般条項についても、憲法が命ずるところを

読み込んで裁判所は判断を下すのであるから，訴訟の当事者は，違法とか無効を根拠として，あるいは救済を求める権利・利益の内容として憲法に結びつけた主張をしておく必要がある。その主張に対して，裁判所は，本件判決のように直接憲法規定の適用を避けつつも，社会で形成されている法秩序に照らして解決するのである。ここでもやはり，社会での憲法秩序の形成という観点に関心が及ぶこととなる。

● **適用法律についての違憲の主張**　さらに，私人間訴訟ではあるが憲法上の論点を避けては解決できない訴訟分野があることにふれなければならない。それは，訴訟当事者に適用されている法規定が違憲であることを前提に，裁判所の救済を求めている訴訟の場合である。この方式の民事・憲法訴訟は，私的自治を尊重したうえでの両当事者の権利・利益の調整というアプローチとは無縁で，憲法訴訟の性格を全面的に帯びている。

代表例として森林法共有林事件がある。これに対する1987年の最高裁判決[*]は，憲法29条の保障する財産権の侵害を理由とした違憲判断であるため有名であるが，ここでは，その憲法判断の内容よりも，訴訟の方式について確認しておかなければならない。

[*] 最大判昭62・4・22民集41巻3号408頁・判時1227号21頁。

この訴訟は，共有物分割請求事件であり，民事訴訟であることは明らかである。その争いは，父親から山林を譲り受けた兄弟が各自2分の1ずつ共有登記をしていたところ，弟（X）の反対を押し切って兄が山林の一部を伐採したことに始まった。Xは，持ち分に応じた山林の分割を求めて兄を相手に訴えを提起した。と

ころが，下級審裁判所は，森林法186条が定めているところ，すなわち，「森林の共有者は，民法……256条1項の規定にかかわらず，その共有に係る森林の分割を請求することができない。ただし，各共有者の持分の価額に従いその過半数をもって分割の請求をすることを妨げない」との定めにより山林分割の請求を認めなかった。そこで，Xは，森林法186条が憲法29条に違反し無効であるとして上告し，これに対して，最高裁判所は，違憲の判断を下したのであった。これは，私人間の紛争における違憲の主張に裁判所が正面から答えた例であるといってよい。

* 静岡地判昭53・10・31民集41巻3号444頁，東京高判昭59・4・25民集41巻3号469頁。

もう一つの代表例をみようとするなら，非嫡出子相続分規定違憲訴訟が適当である。これは，非嫡出子たる代襲相続人が家庭裁判所に遺産分割を求め，その際，民法900条4号ただし書が憲法14条1項に違反し無効であるとの主張を基に，平等な割合による分割を求めた訴訟である。下級審では，その主張が認められなかったので，最高裁判所に特別上告したが，請求が棄却された。これについて，立法裁量論により合憲と結論した最高裁決定の判示内容はともかく，この訴訟は，家庭裁判所の段階から憲法訴訟の性格を帯びていたことは確かである。

* 静岡家裁熱海出張所審判平2・12・12民集49巻7号1820頁，東京高決平3・3・29判タ764号133頁。
** 最大決平7・7・5民集49巻7号1789頁・判時1540号3頁。

この代表的2例をみると，民事訴訟の当事者に適用される法律の合憲性が争われているときは，すでにみた行政・憲法訴訟の場

合と区別する必要がないかのようにみえる。関心を向けるべきは、やはり実体判断、すなわち憲法秩序の形成のあり方である。なお、適用法律の合憲性の主張があれば必ず裁判所が答えるというわけでなく、法律解釈の段階で解決される場合も少なくないことには注意する必要がある。

●国・公共団体が民事訴訟の当事者であるとき

以上に尽きることなく、民事・憲法訴訟の様式は、まことに多様である。憲法学者のなかには、本件の様式が典型的な私人間訴訟だと説く者がいるが、そのような決めつけは適切ではない。訴訟は多様であって、何を以て典型的とするかは一義的に決まらないことであるし、訴訟の当事者にとっては、自分の訴訟の重要度は他と比較できないことである。それ故、以上にみた例からも、私人間訴訟が多様であり、憲法上の争点を含む民事・憲法訴訟として本件をもって典型とするわけにいかない。これを示すために、最後に、当事者の一方が国・地方公共団体である場合をあげることとする。

国が当事者である民事・憲法訴訟の代表例として百里基地訴訟がある。これは、詳細を省くが、航空自衛隊百里基地の拡張予定地内に土地を有している者（X）が基地反対派の者（Y）に土地を売却したが代金の一部を支払わないので、売買契約の解除をしてその土地を国・防衛庁を売り渡したことを背景に、Xと国がYを相手に、所有権確認、所有権移転仮登記の抹消等を求める訴えを起こしたものである。下級審で敗訴したYは、その上告理由の中で、自衛隊が憲法9条違反であることを根拠に、Xと国との間

の売買契約が無効であることを主張した。最高裁判決は，これを否認*したのであるが，その分析は，第6章で行うことにしており，ここでは，この訴訟が民事訴訟として扱われていることに注目する。

* 最三判平元・6・20民集43巻6号385頁・判時1318号3頁。

最高裁判所は，なぜ民事訴訟として扱うかの理由を次のように述べた。

「憲法98条1項は，憲法が国の最高法規であること，すなわち，憲法が成文法の国法形式として最も強い形式的効力を有し，憲法に違反するその余の法形式の全部又は一部はその違反する限度において法規範としての本来の効力を有しないことを定めた規定であるから，同条項にいう『国務に関するその他の行為』とは，同条項に列挙された法律，命令，詔勅と同一の性質を有する国の行為，言い換えれば，公権力を行使して法規範を定立する国の行為を意味し，したがって，行政処分，裁判などの国の行為は，個別的・具体的ながらも公権力を行使して法規範を定立する国の行為であるから，かかる法規範を定立する限りにおいて国務に関する行為に該当するものというべきであるが，国の行為であつても，私人と対等の立場で行う国の行為は，右のような法規範の定立を伴わないから憲法98条1項にいう『国務に関するその他の行為』に該当しないものと解すべきである。」

ここに述べられているように，国・防衛庁が自衛隊の基地のために土地の購入をする行為を，「私人と対等の立場で行う国の行

為」であるとする説明は，素直に受け入れがたい読者もいるかもしれないが，とにかくこの立論のもとに民事訴訟だと設定されたのである。このことは，すでに行政・憲法訴訟の考察の過程で，国や公共団体が財産権の主体として自己の財産上の権利利益の保護救済を求める場合は，法律上の争訟となるとされていたことを思い起こすとよい（本書30頁の「行政・憲法訴訟提起の主体」の項を参照）。少なくとも，行政・憲法訴訟と民事・憲法訴訟の両者がはっきりとした壁で仕切られているというより，重なり合っているとのイメージを抱いてもよさそうである。

●損害賠償請求訴訟　先に，行政・憲法訴訟の考察をしたとき，国家賠償請求訴訟が憲法秩序の形成に一定の役割を果たしていることを確認した。この国家賠償請求訴訟は，民事訴訟における損害賠償請求と近似しており，特に，民法709条以下の不法行為に基づく損害賠償請求とは，請求の相手方や責任についての違いがあるものの，そのようにいえる。実際に，裁判実務では，両者とも民事訴訟扱いを受けている。

そこで，民事訴訟としての損害賠償請求訴訟の方式は，民事・憲法訴訟との関係では，裁判所による実体判断，すなわち憲法秩序の形成の様相についての考察が意義深い。それ故，具体事例をあげての検討は，第6章で行うこととして，ここでは，違憲の争点を含む民事訴訟の方式が多様であることを把握したことをもって本章での作業を終える。

第6章　民事・憲法訴訟による憲法秩序の形成

●民事・憲法訴訟の目的　　第4章で代表例としてみた三菱樹脂事件（以下，単に「本件」という）に対する最高裁判決の結果，憲法秩序に何か新たな状態が生まれたのであろうか。本件は，民事・憲法訴訟であるから，当事者は，本件判決にそれぞれが望ましいと思う憲法秩序の形成ないし確認を求めていたはずである。すなわち，原告・被上告人のXは，被告・上告人のYが自己と正式雇用契約を成立させるにあたり，思想や信条を理由に不採用としてはならないという憲法秩序の形成を求めていたとみることができる。最高裁判所は，これを全く否定したわけではない。Yは，憲法22条や29条等のもとに経済活動の自由が保障されており，その一環として，誰を雇用するかについて自由に決定できるのであるから，特定の思想，信条を理由に雇用を拒んでも，そのことを憲法が禁止しているとはいえないし，民法上の無効，違法の原因とはならないと説いたのであった（本書の57頁の③を参照）。ただし，最高裁判所は，企業が自由な経済活動のもとにいかなる雇用の仕方をしてもよいといったわけではない。雇入れそのものについては，自由度は広いが，他方で，雇い入れた後の試用期間に行使する解雇権については，通常の雇入れ拒否の場合と同視できず，また，正式雇用契約成立後のそれよりも広い自由を有しており，そこには客観的な合理的理由や社会通念上相当として是認される場合という制約が課せられているだけ

だとした。最高裁判所は，本件判決により，このような企業の雇入れの自由および解雇権行使にかかる法秩序を設定したのであった（本書の58頁の④を参照）。

　このように，企業が個人を雇い入れて試用期間中に解雇することにかかる法秩序が最高裁判所によって一応形成されたのであった。そこには，個人の思想，信条の自由，企業の経済活動の自由，および両者に求められる平等原則といった憲法上の要請が判断の背景に働いていた。また，すでに確認したように，企業が行使できる試用期間中の解雇権に課せられる「客観的な合理的理由や社会通念上相当として是認されうる場合」という制約が実際にどういう内容のものであるかについて，最高裁判所は，その判断を原審にゆだねてしまったので，また，和解により訴訟が終結してしまったので，法秩序が具体化されないままに終わっている。

　以上の確認から明らかなように，本件判決は，私人間訴訟に対する憲法規定の適用について，何か一般的ルールが形成されたとはいい難いのである。いや，あえて一般的ルールなるものを見出そうとすれば，最高裁判所は，私人間訴訟に対して，憲法規定はそのまま，あるいは，ただちに適用されるわけでないことを示したといえる。しかし，これだけでは，多様な民事・憲法訴訟の解決を指導するルールとはいえそうもない。

　そこで，このことを基本ないし背景として，民事・憲法訴訟の目的にかかる諸問題を考察して，ここでの関心事である民事・憲法訴訟の様相の理解をさらに深めることとする。

●利益間の調整
——比較衡量法と裁量権の尊重

本件判決から，民事・憲法訴訟をとおして当事者間の利益の調整が裁判所によりなされるということが確認できた。このことは，民事裁判における当然の目的であり，関心を向けるべきは，その調整において，当事者の利益が憲法とりわけ人権保障規定に結びついていると主張されていることをいかに扱うかということである。

本件判決では，私的自治を尊重すべきとされているものの，上で確認したように，何かルールが提示されたわけではない。別言すれば，民事・憲法訴訟であるがゆえのルールは，当事者間の利益の調整すなわち比較衡量がなされること以上の内容となっていない。それゆえ，第Ⅰ部や第Ⅲ部で扱われる審査基準に匹敵する基準が他の民事・憲法訴訟をとおして形成されていないのか，大いに気になる。

第5章で確認したように，本件と同様の訴訟形式，すなわち，個人と団体・組織等との間の訴訟例として昭和女子大学事件があるが，それに対する最高裁判決では，本件判決を先例として引用してはいるものの，大学は，学則等によって「在学する学生を規律する包括的権能を有する」と大学の特殊性を強調している。そして，この学校当局の有する包括的権能は，無制限ではなく，「在学関係設定の目的と関連し，かつ，その内容が社会通念に照らして合理的と認められる範囲においてのみ是認されるものであるが，具体的に学生のいかなる行動についていかなる程度，方法の規制を加えることが適切であるとするかは，それが教育上の措

置に関するものであるだけに、必ずしも画一的に決することはできず、各学校の伝統ないし校風や教育方針によってもおのずから異なることを認めざるをえない」と説いて、事件の個別性に問題を絞っている。そのうえで、昭和女子大学の個別の性格に照らして、問題とされた退学処分について、社会通念上合理性を欠くものとはいえず、懲戒権者に認められた裁量権の範囲内にあることだと判示している。つまり、比較衡量でなく、大学当局の裁量権の行使が社会通念上合理性を有するか否かにより判断している。注目すべきは、この大学当局の裁量権を尊重する審査が私立学校にかぎらないことである。最高裁判所は、昭和女子大学事件判決の初めの方の判示箇所で、「在学する学生を規律する包括的権能を有する」のは、「国公立であると私立であるとを問わず」大学に共通していることだとしているのである。したがって、大学内で生じた憲法訴訟は、民事訴訟か行政訴訟かの区別が不要であるかに思われる。そうであるか否かの確認は、その具体的意味を導く判例の展開を待つしかないのであるが。

＊　最三判昭49・7・19民集28巻5号790頁・判時749号3頁。

なお、学校内での問題は、学校の有する裁量権を尊重するというのがこの分野の判例法理である。そして、この裁量権行使の歯止めとなるのがその権限行使が社会通念上合理性を有するか否かということであるので、その具体的内容を確認しておかなければならない。上でみた昭和女子大学事件もそうであるが、学生や生徒の憲法上の権利の制限であるとの主張をしても、なかなか社会通念上の合理性を有しないとの判断が得られない。それを物語る

他の例として,「バイク三ない原則」違反事件が適当であろう。この事件は,私立の高等学校の校則である「バイク三ない原則」,すなわちオートバイ免許を取らない,オートバイに乗らない,買わないという生徒に対する三つの禁止に違反したことが原因となって自主退学を余儀なくされたことを争ったものである。最高裁判所は,この三ない原則およびそれを根拠としてなされた自主退学勧告が憲法13条,29条,31条に違反するとの主張に対して,本件判決を引用しつつ,直接憲法の基本権保障規定に違反するか否かを論ずる余地がないとしたうえで,「原審の確定した事実関係の下においては,本件校則が社会通念上不合理であるとはいえない」と判示している。高校生徒の年齢では,道路交通法上合法的にオートバイ免許を取得でき,オートバイを購入し,運転することは社会的には通常問題がない。そうであっても,学校で独自の規制をして禁止したことについて,社会通念上不合理とはいえないとするのであるから,学校の裁量権の範囲は大変広いものだということができる。

＊ 最三判平3・9・3判時1401号56頁。

最高裁判所が根拠としている社会通念とはどこから導かれるのかは明らかにされていない。しかし,社会通念が学校内でも学生・生徒の権利や自由が尊重されることに関連して形成されているのなら,判断の方向が変わるということがいえそうである。その意味で,民事・憲法訴訟における憲法秩序の形成は,社会における憲法価値の具体化,実現度合いにかかっているということがいえそうである。第5章でみた南九州税理士会事件判決や群馬司

法書士会事件判決についても（本書の64・65頁を参照），そのような観点から分析することができる。そこで，他の民事・憲法訴訟の裁判例をさらに観察しながら，これを検証していくことにしよう。

●**下位法規解釈の指導原理としての憲法**　本件判決や昭和女子大学事件判決などをみるかぎり，民事・憲法訴訟を通じた憲法秩序の形成は，まちまちであるうえに，裁判所は，積極的秩序形成に与らないかのように思われてしまいそうである。しかし，それは早計であり，さらに別の例に目を移す必要がある。

　第一に取りあげるべきは，百里基地訴訟の最高裁判決である。この訴訟は，国が当事者であるものの，民事・憲法訴訟であることについて第5章でふれた。そこでは，自衛隊の基地を拡張する目的で購入しようとする土地の売買契約が憲法9条に違反し，無効であるとの主張がなされ，これに対して，最高裁判所は，次のように答えている。

　＊　最三判平元・6・20民集43巻6号385頁・判時1318号3頁。

　「憲法9条は，人権規定と同様，国の基本的な法秩序を宣示した規定であるから，憲法より下位の法形式によるすべての法規の解釈適用に当たつて，その指導原理となりうるものであることはいうまでもないが，憲法9条は，……私法上の行為の効力を直接規律することを目的とした規定ではないから，自衛隊基地の建設という目的ないし動機が直接憲法9条の趣旨に適合するか否かを判断することによつて，本件売買契約が公序良俗違反として無効となるか否かを決すべきではないのであつて，自衛隊基地の建設を目的ないし動機として締結された本件売買

契約を全体的に観察して私法的な価値秩序のもとにおいてその効力を否定すべきほどの反社会性を有するか否かを判断することによつて，初めて公序良俗違反として無効となるか否かを決することができるものといわなければならない。」

この判示について確認すべきは，まず，憲法の規定は，人権規定も憲法9条を含むその他の規定も，憲法より下位の法形式によるすべての法規の解釈適用にあたって，その指導原理となることが当然だとしていることである。つまり，私人間の法的争いについて，憲法の規定は，適用法規の解釈における指導原理なのであるから，およそ適用されないとはいえないのである。このことは，本件判決の趣旨と異ならない。

次に，国が当事者となっている売買契約の目的ないし動機について，契約の効力を否定するほどの反社会性が存在するかを判断し，肯定されれば公序良俗違反として無効となるとしていることも重要である。最高裁判所は，上記の論述につづけて，本件判決を先例として引用している。

この第二の点を受けて，最高裁判所は，「本件売買契約が締結された昭和33年当時，私法的な価値秩序のもとにおいては，自衛隊のために国と私人との間で，売買契約その他の私法上の契約を締結することは，社会的に許容されない反社会的な行為であるとの認識が，社会の一般的な観念として確立していたということはできない」と結論した。

このように，本件判決を受けて展開している百里基地訴訟判決も先にみた昭和女子大学事件判決も，客観的合理的理由，社会通

念,社会的許容性といったことを判断の基準としていることが明らかとなった。そして,繰り返しになるが,それらの判断基準は,直接憲法から導かれるとはいえないが,憲法のもとに形成されている法秩序内のことであり,憲法秩序の形成内容と密接な関係があるといってよい。このことをさらに別の民事・憲法訴訟をみて考察しよう。

●憲法の基本的理念に照らす　　以上の例よりももう少し積極的に憲法価値を取りこんだ民事・憲法訴訟の例があるので,それをまず取りあげよう。

それは,沖縄の入会部落の慣習およびこれに基づく会則が無効だとして争われた入会権者資格差別事件である。問題とされた入会権者の資格は,一家の代表者としての世帯主のみに認められ,部落民以外の男性と結婚した女子孫は,離婚して旧姓に復しないかぎり入会権者の資格を認めないとするものであった。入会地払下げ当時の部落民・入会権者の女子孫である者(原告)は,この慣習およびこれに基づく会則が公序良俗に違反して無効であるなどと主張して出訴したのがその事件である。第一審は,その会則が憲法14条1項および民法2条の趣旨に反し,公序良俗に反するから無効と判決したが,控訴審はその判決を取り消したので,原告が上告したところ,最高裁判所は,次のように判示した。*

  * 最二判平18・3・17民集60巻3号773頁・判時1931号29頁。その下級審判決は,沖縄地判平15・11・19判時1845号119頁,福岡高那覇支判平16・9・7判時1870号39頁。

本件の入会権要件は,慣習に基づき世帯主であることを入会権

者とするものであり，不合理ということができず，公序良俗に違反しない。「しかしながら，本件慣習のうち，男子孫要件は，専ら女子であることのみを理由として女子を男子と差別したものというべきであり，……性別のみによる不合理な差別として民法90条の規定により無効であると解するのが相当である。」そして，「男女の本質的平等を定める日本国憲法の基本的理念に照らし，入会権を別異に取り扱うべき合理的理由を見いだすことはできないから，原審が……説示する本件入会地の入会権の歴史的沿革等の事情を考慮しても，男子孫要件による女子孫に対する差別を正当化することはできない。」

この判示の特徴は，民法90条の公序良俗違反だとする理由を，男女の本質的平等を定める日本国憲法の基本的理念に照らして導いていることである。本件判決が否認しているように，この判決でも憲法14条の平等原則を直説適用するといっているわけはない。前項で確認した，憲法が下位法規解釈の指導原理であることを基盤に，憲法14条の理念に照らして説いていることが特徴である。

また，先に確認した社会通念上の不合理性をこの事件の男子孫要件に認めたともいうことができる。男子孫要件は，もっぱら女子であることのみを理由として女子を男子と差別したものとの判示部分は，本書ですでにみた日産自動車事件の判示部分と同じである（本書67頁の「民法の一般条項にかかわる争点」の項を参照）。その判決当時から今日までに，もっぱら女子であることのみを理由とした差別的取扱いは，社会の広範囲の場面において許容されないという法秩序が形成されており，最高裁判所は，それを根拠にこ

の民事・憲法訴訟を解決したのである。

このように、憲法規定を直接適用するわけではないが、憲法規定の理念に照らして民事・憲法訴訟を解決する手法は、他にもみられる。それは、日本共産党がサンケイ新聞に反論文の掲載を要求して拒絶されたため、そのことを争ったサンケイ新聞意見広告事件がそれである。最高裁判所は、「憲法21条の規定から直接に、所論のような反論文掲載の請求権が他方の当事者に生ずるものでない」と説きつつ、なお、反論文制度が認められることの問題点を次のように判示した。*

* 最二判昭62・4・24民集41巻3号490頁・判時1261号74頁。

「この制度が認められるときは、新聞を発行・販売する者にとつては、原記事が正しく、反論文は誤りであると確信している場合でも、あるいは反論文の内容がその編集方針によれば掲載すべきでないものであつても、その掲載を強制されることになり、また、そのために本来ならば他に利用できたはずの紙面を割かなければならなくなる等の負担を強いられるのであつて、これらの負担が、批判的記事、ことに公的事項に関する批判的記事の掲載をちゆうちよさせ、憲法の保障する表現の自由を間接的に侵す危険につながるおそれも多分に存するのである。」

この判示内容は、明らかに憲法21条の保障する表現の自由の理念に照らしたものであり、私人間に、つまり社会において、表現の自由の価値実現をなしているとみることができる。

●損害賠償請求訴訟　　行政・憲法訴訟の分野で、損害賠償請求訴訟が憲法秩序の形成にとって一定の役

割を果たしていることをすでに確認した。また，この損害賠償請求訴訟は，訴訟形式としては，民事訴訟として実務上は扱われてきた。したがって，第5章の最後の箇所で指摘したように，国や地方公共団体を相手とする国家賠償請求訴訟は，民事・憲法訴訟であるとして扱うことができる。しかし，ここでは，憲法秩序の形成が民事訴訟でいかなる様相をなしているかという関心点との関係で，当事者が国・地方公共団体ではない私人間訴訟であって損害賠償請求訴訟として登場しているものに目を向けることにする。

　目を向けるといっても，対象となる判例は数多くある。そこで，名誉毀損損害賠償請求訴訟に絞って様相をみることとする。すると，最も検討にあたいする判例として，いわゆる謝罪広告事件判決がある。

　民法は，名誉毀損訴訟において，損害賠償に代えて，または損害賠償とともに，名誉回復のための適当な処分を命ずることができると規定するが（723条），その適当な処分として謝罪広告を命ずることがよくある。これについて，謝罪広告の強制は良心の自由侵害するものであると主張した事件に対して，最高裁判所は，次のように判示してその主張を否認した。＊

　＊　最大判昭31・7・4民集10巻7号785頁・判時80号3頁。

　すなわち，謝罪広告を命ずる判決にもその内容上，時にはこれを強制することが債務者の人格を無視し著しくその名誉を毀損し意思決定の自由ないし良心の自由を不当に制限することとなり，いわゆる強制執行に適さない場合に該当することもありうるとし

て，無視しえない問題の所在を認めつつも，「単に事態の真相を告白し陳謝の意を表明するに止まる程度のものにあつては，これが強制執行も代替作為として民訴733条〔現行の民事執行法171条〕の手続によることを得るものといわなければならない」との見解のもとに，謝罪広告が債務者に屈辱的もしくは苦役的労苦を科し，または債務者の有する倫理的な意思，良心の自由を侵害することを要求するものとは解せられないと判示した。この昭和31年判決の先例は，以後維持され今日に至っているが，先例の踏襲が適切かという疑問も生じている。たとえば，大相撲八百長関連の記事を掲載した「週刊現代」の週刊誌および記事の執筆者に謝罪広告（記事の「取消広告」）を命じた事件で，最高裁判所は，その先例の見直しも，先例との区別をすることもなく，簡単に処理してしまっているが*，思想，良心の自由のみならず，報道者の報道の自由についても，社会における憲法秩序のあり方がそれでよいのかとの疑問が投じられている。

*　最一判平22・10・21（判例集未登載）

謝罪広告事件については，このように判例のもとに形成されている憲法秩序に疑問が投ぜられるが，これも，民事・憲法訴訟の様相の一面であることは受けとめなければならない。そして，民事訴訟であっても，憲法価値の具体化とのかかわりを否定できず，憲法規定の適用・不適用といった単純な問題でなく，両当事者の利益調整にあたりいかように憲法価値を実現するかを追究することが課題となっているのであり，このことを確認しておかねばならない。

●隠れた憲法上の争点　行政・憲法訴訟の考察をした際，最後に，憲法上の争点が表に出ていない場合にふれたが，ここでも同様に，民事・憲法訴訟に対する裁判であっても，憲法上の争点に言及されていない例があることに目を向けておく。もちろん，これは，当事者の主張では憲法規定への言及があるが，裁判所があえてそれにふれずに処理している場合のことを指している。

具体例として，プリンスホテル日教組大会会場等使用拒否事件をみることにする。この事件は，教職員組合の大会に使用される予定だった宴会場等を有するプリンスホテルが，仮処分命令に反して当該宴会場等の使用を拒否し，その説明文をホームページ上に掲載するなどしたことにつき，損害賠償請求および謝罪広告掲載請求がなされたものである。裁判所は，その請求を認容したのであるが，その認容判決の理由をみると，「本件使用拒否によって，原告組合員ら及び原告単位組合らは，法律上保護される利益を侵害されたというべきである」などと判示するものの，そこにいう「法律上保護される利益」を憲法規定，すなわち憲法21条が保障する集会の自由に結びつけた論述をしていないのである。しかし，判示内容から，集会の自由を保護する判断であると受けとることができる。

　＊　東京地判平12・7・28判時2051号3頁。その控訴審は，東京高判平22・11・25判タ1341号146頁で，上告されず確定している。

先に，行政・憲法訴訟の箇所でも述べたように，ここでも民法709条の不法行為が認定されるとき，この規定にいう権利や法律

上保護される利益の根源を憲法規定に結びつけて論議しなくても
よいのかということが課題となっている。

第III部

刑事訴訟としての憲法訴訟
―猿払事件―

第7章 刑事・憲法訴訟の様相

●刑事・憲法訴訟の基本　　刑事事件が裁判所にもたらされると刑事訴訟となる。刑事訴訟においてもこれまでみた行政・憲法訴訟や民事・憲法訴訟と同様に，当事者主義に基づき，訴える側の検察と訴えられる側の被告人との間で交わされる攻撃と防御の展開を経て，裁判官が有罪・無罪の判決を下すこととなる。この裁判の過程で憲法にかかわる争点が存在していると，刑事訴訟としての憲法訴訟（以下では，これを刑事・憲法訴訟と呼ぶことにする）となる。この刑事・憲法訴訟の様相を代表例について観察するのが本章での目的であるが，あらかじめ基本的なことを確認しておこう。

　刑事・憲法訴訟では，これまでみた二つの訴訟領域と異なり，違憲の主張をするのは，被告人側である。もちろん，裁判の進行とともに，他方当事者の検察・国側も憲法上の主張をすることがあるが，それは，被告人側が提起した憲法上の争点をめぐるものであったり，自己の公訴の正当化を主張するためであったりで，訴訟における憲法問題提起の主体となることはほとんどない。この点，行政・憲法訴訟と似ているが，被告人に刑罰が科せられることをめぐっての憲法上の争点であることに決定的違いがある。これは，後にしっかり確認することになるが（第8章，第9章参照），被告人は，通常，憲法秩序を望ましいものにしたいためにわざわざ刑罰が科せられる行為をするわけではない。被告人は，

自己の行為に対して刑罰が科されるべきでないこと，つまり無罪であること，あるいは刑罰が軽減されるべきであることを裁判所に主張することとの関係で，違憲の主張をするのである。このことに注目して考察するところに刑事・憲法訴訟の特徴がある。

●**多様な刑罰法規**　刑事・憲法訴訟において，刑法の規定についてなされた違憲の主張が最高裁判所によって認められた有名な例がある。それは，1995（平成7）年の改正前に存在していた刑法200条を違憲と判示したものである。これについては，本書の前身の『プレップ憲法』でやや詳しく取りあげて検討したので，それを参照していただくことにする（戸松秀典『プレップ憲法〔第3版〕』の第Ⅱ部）。その例にみられるように，刑法の刑罰規定そのものが，あるいはそれが自己の行為に適用されることが違憲であるとの主張がなされた訴訟例は，少なからずある（本書第8章参照）。しかし，それだけが刑事・憲法訴訟の様相であるわけでない。刑法以外のさまざまの法律あるいは条例に刑罰規定が存在し，その適用をめぐって裁判で争われる例が多く存在する。そこで，刑法以外の刑罰規定にかかわる刑事・憲法訴訟の一例として，いや，単なる一例というより代表例の一つといった方がよいが，国家公務員法の刑罰規定について争われた猿払事件の裁判に注目することにする。

＊　読者は，これまでの第1章と第4章におけると同様，この事件の最高裁判決（最大判昭49・11・6刑集28巻9号393頁・判時757号33頁）およびその下級審判決（旭川地判昭43・3・25下刑10巻3号293頁・判時514号20頁，札幌高判昭44・6・24判時560号30頁）にしっかりと目をとおすことが望ましい。以下の論述は，しっかり読んだ者にとっては，読みとったことの確認となり，これから読もうとする者にとっては，予備知識となるよう，多少の解説を付けた要約

となっている。

●猿払事件の適用刑罰規定　そこで，この猿払事件（以下では，単に「本件」という）で適用された刑罰規定にあらかじめ目をとおしておくことにしよう。

　国家公務員法の102条1項は，「職員は，政党又は政治的目的のために，寄附金その他の利益を求め，若しくは受領し，又は何らの方法を以てするを問わず，これらの行為に関与し，あるいは選挙権の行使を除く外，人事院規則で定める政治的行為をしてはならない」と定めている。この政治的行為の制限に違反した公務員（国家公務員法は，「公務員たる職員」に適用され，同法では公務員のことを職員と呼んでいる）は，同法の110条19号のもとで，3年以下の懲役または100万円以下の罰金の刑罰が科せられることになっている。また，何が制限を受ける政治的行為であるかの詳細については，102条1項に規定されているように，人事院規則にゆだねられており，実際に，人事院規則14-7が「政治的行為」[*]という名称の規定を設けている。その規則は，適用の範囲，政治目的の定義，および政治的行為の定義について具体的に定めており，本件では，その政治的目的の定義中の「特定の政党その他の政治団体を支持し又はこれに反対すること」（5項3号）と「政治的目的を有する署名又は無署名の文書，図画，音盤又は形象を発行し，回覧に供し，掲示し若しくは配布し又は多数の人に対して朗読し若しくは聴取させ，あるいはこれらの用に供するために著作又は編集すること」（6項13号）に該当するとされた。

　*　読者に，人事院規則14-7の「政治的行為」全規定にざっと目をとおすこと

を勧める。これにより，公務員にいかなる政治的行為が制限されているかの様相を理解できる。

●猿払事件の事実　本件は，北海道宗谷郡猿払村の郵便局に勤務する事務官（Y）の行為が前掲の諸規定に違反するとして起訴された事件である。

　Yは，郵便局において郵便貯金，簡易保険等に関し，外勤員が集金した現金およびこれに関する書類等を検査し，その現金を出納官吏に払い込むとともに窓口担当者に引き継ぎをする内勤事務，電話交換事務等に従事する非管理職の職員であり，その職務内容は全くの裁量の余地がないことが認められる。Yは，猿払地区労働組合協議会事務局長を務めていたのであるが，1967（昭和42）年の衆議院議員選挙に際し，勤務時間外に，労働組合の地区協議会の決定に従って，日本社会党を支持する目的で同党公認候補者の選挙用ポスターを自ら掲示したり，掲示を依頼して配布したりした。これらの行為について，Yは起訴された。

●下級審判決　第一審の旭川地方裁判所は，次の理由のもとにYが無罪であるとの判決を下した。

　まず，公務員の政治活動の制限については，必要最小限度のものでなければならないと説く。

　「当裁判所は，国家公務員につき国民の基本的人権の一つである政治活動をどの程度制約できるかにつき，……制約できる程度についての判断権は，一次的には国会および国会の委任を受けて規則を制定した人事院にあると解するけれども，この公務員の政治活動の自由の制約については，その違反行為に課せられる制裁

を含みその制約の程度が，社会一般に存在している観念をとび超えたものである場合には，その制約が合理的でないと判断する権能を有すると解する。この観念は，……国民の政治活動の自由が基本的人権として認められている近代民主主義社会で先進国といわれている諸国における公務員に対する政治活動の制限についての基本的考え方をも基礎として思考すべきものと思料する。」表現の自由も「絶対無制限のものでないばかりでなく，全体の奉仕者であつて一部の奉仕者でない国家公務員の身分を取得することにより，ある程度の制約を受けざるを得ないことは論をまたないところであるが，政治活動を行う国民の権利の民主主義社会における重要性を考えれば国家公務員の政治活動の制約の程度は，必要最小限度のものでなければならない。」

次に，この必要最小限度であるべきとする要請から，法が設けた制約についての判断基準として，次のことを提示する。

「法の定めている制裁方法よりも，より狭い範囲の制裁方法があり，これによつてもひとしく法目的を達成することができる場合には，法の定めている広い制裁方法は法目的達成の必要最小限度を超えたものとして，違憲となる場合がある。」

つまり，これは，制限的でない他の選びうる手段の基準である。*

 * これは，アメリカの合衆国裁判所の判例において適用されていた Less Restrictive Alternative の訳語で，アメリカではみられないが日本ではこの判決以降，学説で LRA の基準と呼ばれるようになっている。

このような基本的考え方と判断基準を本件に適用したところを次のように説く。

「非管理者である現業公務員でその職務内容が機械的労務の提供に止まるものが勤務時間外に国の施設を利用することなく，かつ職務を利用し，若しくはその公正を害する意図なしで人事院規則14－7，6項13号の行為を行う場合，その弊害は著しく小さいものと考えられるのであり，このような行為自身が規制できるかどうか，或いはその規制違反に対し懲戒処分の制裁を課し得るかどうかはともかくとして，国公法82条の懲戒処分ができる旨の規定に加え，3年以下の懲役又は10万円以下の罰金という刑事罰を加えることができる旨を法定することは，行為に対する制裁としては相当性を欠き，合理的にして必要最小限度の域を超えている。」

こうして，Yの行為について，国公法110条1項19号が適用される限度において，同号が憲法21条および31条に違反するものであるから，これをYに適用することができないと適用違憲の判断を下したのであった。

控訴審の札幌高等裁判所は，この第一審判決の判断を踏襲したので，検察側から上告がなされた。

●最高裁判所の判断　最高裁判所は，この下級審判断と真っ向から対立する判断のもとに，原審判断の破棄をしたうえで，有罪の判決を下した。

①公務員の政治活動を禁止することについて，憲法21条との関係で次のように考えるべきとする。

まず，「憲法21条の保障する表現の自由は，民主主義国家の政治的基盤をなし，国民の基本的人権のうちでもとりわけ重要なも

のであ〔る〕」と，表現の自由の意義を示す。そして，「およそ政治的行為は，行動としての面をもつほかに，政治的意見の表明としての面をも有するものであるから，その限りにおいて，憲法21条による保障を受けるものであることも，明らかである」として，政治的行為の憲法上の意義をも確認する。

しかし，「『すべて公務員は，全体の奉仕者であつて，一部の奉仕者ではない。』とする憲法15条2項の規定」，および「公務のうちでも行政の分野におけるそれは，憲法の定める統治組織の構造に照らし，議会制民主主義に基づく政治過程を経て決定された政策の忠実な遂行を期し，もっぱら国民全体に対する奉仕を旨とし，政治的偏向を排して運営されなければならない」ことから，「行政の中立的運営が確保され，これに対する国民の信頼が維持されることは，憲法の要請にかなうものであり，公務員の政治的中立性が維持されることは，国民全体の重要な利益にほかならないというべきである」と，公務員の特殊性を強調する。

そういうわけで，「公務員の政治的中立性を損うおそれのある公務員の政治的行為を禁止することは，それが合理的で必要やむをえない限度にとどまるものである限り，憲法の許容するところである」と，公務員の政治活動を禁止することにかかる憲法上の基本的要請を示している。

②この前提のもとに，次に，公務員の政治活動を禁止することが合理的で必要やむを得ないといえるか否かを判断する基準について次のように説いている。

まず，「国公法102条1項及び規則による公務員に対する政治的

行為の禁止が右の合理的で必要やむをえない限度にとどまるものか否かを判断するにあたつては，禁止の目的，この目的と禁止される政治的行為との関連性，政治的行為を禁止することにより得られる利益と禁止することにより失われる利益との均衡の3点から検討することが必要である」として，検討の対象を3点あげ，これを順に検討している。

　(ア)　禁止の目的については，次のように説く。すなわち，「もし公務員の政治的行為のすべてが自由に放任されるときは，おのずから公務員の政治的中立性が損われ，ためにその職務の遂行ひいてはその属する行政機関の公務の運営に党派的偏向を招くおそれがあり，行政の中立的運営に対する国民の信頼が損われることを免れない。また，公務員の右のような党派的偏向は，逆に政治的党派の行政への不当な介入を容易にし，行政の中立的運営が歪められる可能性が一層増大するばかりでなく，そのような傾向が拡大すれば，本来政治的中立を保ちつつ一体となつて国民全体に奉仕すべき責務を負う行政組織の内部に深刻な政治的対立を醸成し，そのため行政の能率的で安定した運営は阻害され，ひいては議会制民主主義の政治過程を経て決定された国の政策の忠実な遂行にも重大な支障をきたすおそれがあり，このようなおそれは行政組織の規模の大きさに比例して拡大すべく，かくては，もはや組織の内部規律のみによつてはその弊害を防止することができない事態に立ち至るのである。したがつて，このような弊害の発生を防止し，行政の中立的運営とこれに対する国民の信頼を確保するため，公務員の政治的

中立性を損うおそれのある政治的行為を禁止することは，まさしく憲法の要請に応え，公務員を含む国民全体の共同利益を擁護するための措置にほかならないのであつて，その目的は正当なものというべきである。」ここでいう国民全体の利益の意味するところについては，後に（第9章）で改めて取りあげることにしている。

　(イ)　次の対象である禁止目的と禁止される政治的行為との関連性については，一言で片づけている。すなわち，「右のような弊害の発生を防止するため，公務員の政治的中立性を損うおそれがあると認められる政治的行為を禁止することは，禁止目的との間に合理的な関連性があるものと認められるのであって，たとえその禁止が，公務員の職種・職務権限，勤務時間の内外，国の施設の利用の有無等を区別することなく，あるいは行政の中立的運営を直接，具体的に損う行為のみに限定されていないとしても，右の合理的な関連性が失われるものではない」と。この合理的関連性を審査する緩やかな基準の機能については，第9章でしっかり分析しよう。

　(ウ)　利益の均衡の点については，「公務員の政治的中立性を損うおそれのある行動類型に属する政治的行為を，これに内包される意見表明そのものの制約をねらいとしてではなく，その行動のもたらす弊害の防止をねらいとして禁止するときは，同時にそれにより意見表明の自由が制約されることにはなるが，それは，単に行動の禁止に伴う限度での間接的，付随的な制約に過ぎず，かつ，国公法102条1項及び規則の定める行動類型

以外の行為により意見を表明する自由までをも制約するものではなく，他面，禁止により得られる利益は，公務員の政治的中立性を維持し，行政の中立的運営とこれに対する国民の信頼を確保するという国民全体の共同利益なのであるから，得られる利益は，失われる利益に比してさらに重要なものというべきであり，その禁止は利益の均衡を失するものではない」というのである。この比較衡量法の審査基準も後の第9章での分析対象である。

㈣　以上の検討によれば，結論は明らかなのだが，それを「本件で問題とされている規則5項3号，6項13号の政治的行為をみると，その行為は，……政治的偏向の強い行動類型に属するものにほかならず，……国公法102条1項及び規則5項3号，6項13号は，合理的で必要やむをえない限度を超えるものとは認められず，憲法21条に違反するものということはできない」と述べている。

③Yは，公務員の職種や地位などとは関係なく一律に政治的行為の禁止を定めていることを疑問とし，下級審もそのことに配慮した判断を下したのであるが，本件最高裁判所は，次のように一蹴している。

「本件行為のような政治的行為が公務員によってされる場合には，当該公務員の管理職・非管理職の別，現業・非現業の別，裁量権の範囲の広狭などは，公務員の政治的中立性を維持することにより行政の中立的運営とこれに対する国民の信頼を確保しようとする法の目的を阻害する点に，差異をもたらすもので

はない。」

「政治的行為が労働組合活動の一環としてなされたとしても、そのことが組合員である個々の公務員の政治的行為を正当化する理由となるものではなく、また、個々の公務員に対して禁止されている政治的行為が組合活動として行われるときは、組合員に対して統制力をもつ労働組合の組織を通じて計画的に広汎に行われ、その弊害は一層増大することとなる」。

④本件下級審判決は、先にみたように、「制限的でない他の選びうる手段」の基準のもとに適用違憲の判断を下したが、本件の最高裁は、これをはっきり否認する論述を展開させた。その主要な判示箇所を拾うと、次のようである。

「国公法の右の罰則を設けたことについて、政策的見地からする批判のあることはさておき、その保護法益の重要性にかんがみるときは、罰則制定の要否及び法定刑についての立法機関の決定がその裁量の範囲を著しく逸脱しているものであるとは認められない。特に、本件において問題とされる……政治的行為は、特定の政党を支持する政治的目的を有する文書の掲示又は配布であって、……政治的行為の中でも党派的偏向の強い行動類型に属するものであり、公務員の政治的中立性を損うおそれが大きく、このような違法性の強い行為に対して国公法の定める程度の刑罰を法定したとしても、決して不合理とはいえず、したがつて、右の罰則が憲法31条に違反するものということはできない。」

「また、公務員の政治的行為の禁止が国民全体の共同利益を

擁護する見地からされたものであつて，その違反行為が刑罰の対象となる違法性を帯びることが認められ，かつ，その禁止が，前述のとおり，憲法21条に違反するものではないと判断される以上，その違反行為を構成要件として罰則を法定しても，そのことが憲法21条に違反することとなる道理は，ありえない。」

「(第1審判決および原判決は)たとえ公務員の政治的行為の禁止が憲法21条に違反しないとしても，その行為のもたらす弊害が軽微なものについてまで一律に罰則を適用することは，同条に違反するというのであるが，違反行為がもたらす弊害の大小は，とりもなおさず違法性の強弱の問題にほかならないのであるから，このような見解は，違法性の程度の問題と憲法違反の有為の問題とを混同するものであつて，失当というほかはない。」

「懲戒処分と刑罰とは，その目的，性質，効果を異にする別個の制裁なのであるから，前者と後者を同列に置いて比較し，司法判断によつて前者をもつてより制限的でない他の選びうる手段であると軽々に断定することは，相当ではないというべきである。」

これらの論述内容の分析が必要だと思われるので，後に取りあげることにする（本書の109頁を参照）。

⑤本件の事実をみる前に，本件で適用される刑罰規定にあらかじめ注目しておいたが，そこで明らかになったように，国家公務員法102条は，何が政治的行為にあたるかの詳細の定めを人事院規則に委任している。このような委任を憲法は許していないと，

Yは強く非難しているが，これに対して，最高裁判所は，次のように答えている。

「政治的行為の定めを人事院規則に委任する国公法102条1項が，公務員の政治的中立性を損うおそれのある行動類型に属する政治的行為を具体的に定めることを委任するものであることは，同条項の合理的な解釈により理解しうるところである。そして，そのような政治的行為が，公務員組織の内部秩序を維持する見地から課される懲戒処分を根拠づけるに足りるものであるとともに，国民全体の共同利益を擁護する見地から科される刑罰を根拠づける違法性を帯びるものであることは，すでに述べたとおりであるから，右条項は，それが同法82条による懲戒処分及び同法110条1項19号による刑罰の対象となる政治的行為の定めを一様に委任するものであるからといって，そのことの故に，憲法の許容する委任の限度を超えることになるものではない。」

ここで問題とされている下位の法規により刑罰を具体化することにかかる合憲性については，後に目を向けることにしている（本書の111頁を参照）。

第8章　違憲の争点と刑事・憲法訴訟

●**刑事・憲法訴訟となるには**　行政・憲法訴訟については，訴訟要件論に注目し（第2章を参照），民事・憲法訴訟については，訴訟の様式に目を向け（第5章を参照），それぞれが憲法訴訟となるための条件を考察した。これらに比べ，刑事事件は，起訴便宜主義を基盤とし，検察官が事件を法廷にもたらすことによって刑事訴訟になるのであるから，訴訟条件を検討する必要がない。刑事訴訟については，事件の被告人が憲法上の争点を主張すれば，それで刑事・憲法訴訟となり，前二者におけるような問題はなさそうである。少なくとも，猿払事件（以下，単に「本件」という）においては，被告人が違憲の主張をすることに制約はなかった。

　それでは，刑事・憲法訴訟ではいかなる違憲の主張をしても構わず，裁判所の対応が常に得られることになるのであろうか。実は，本件のように，違憲の主張に対する裁判所の判断が得られる場合があるし，そうでなく，違憲の主張をしても全く裁判書にはそれが表れていない場合もあり，被告人のなす違憲の主張に対する裁判所の扱いは一様ではない。そこで，刑事・憲法訴訟で違憲の争点を提示することにかかる実情について主要なところをみておくことにする。この観察をもとに，第9章での，刑事・憲法訴訟における憲法秩序の形成の様相にかかる理解を深めることができると思う。

●**違憲の主張の主体──自己の，あるいは，第三者の憲法上の権利の主張**

第一に関心を向けるべきは，本件のように被告人が公務員であり，その身分に関係した刑罰規定の適用を争うことについてである。つまり，違憲の主張の主体に注目する。

ところで，第7章の初めの箇所で，刑事・憲法訴訟について注目すべきこととして，次のことを指摘した。すなわち，被告人は，通常，憲法秩序を望ましいものにしたいためにわざわざ刑罰が科せられる行為をするわけではなく，被告人は，自己の行為に対して刑罰が科されるべきでないこと，つまり無罪であること，あるいは刑罰が軽減されるべきことを裁判所に主張することとの関係で，違憲の主張をするのである，と。そうであるから，刑事・憲法訴訟における違憲の主張の主体は，被告人であり，被告人自身の憲法上の権利についてそれを主張するのである。これが基本であるとみてよい。

  * これは，あくまで「通常」のことで，特別に，制度改革を目指すことを目的に，あえて法の制限・禁止を破る行為をして起訴され，裁判でその制度の違憲を訴える場合もありうる。

ただし，本件のように，公務員に対して一律に科される刑事罰については，それについての合憲性判断が当事者の被告人だけでなく，公務員全体に少なからぬ影響をもたらす。特に，本件の被告人は，労働組合の事務局長という立場で政治的行為をしており，それは，組合の活動の一環なのであるから組合員である公務員の利害に密接な関係をもっている。表現の自由が侵害され違憲だと

の主張は,彼自身の権利・自由のことにとどまらないといえるのである。そのことが最高裁判所の判断にも表れているのであるが,その分析は,第9章で行うことにしよう。

このように,刑事・憲法訴訟の被告人が自己の憲法上の権利の制限・禁止について違憲の主張をすることが,その被告人と同じ身分にある者に密接な関係をもつ例は,他にもある。公務員労働者の労働基本権制限法制を争う一連の事件がそれである。これは,要するに,公務員労働者に対して一律に争議権が否認されているが,それを破って争議行為をなし起訴される事件である。これに関する判例の展開については読者の勉学にゆだねることとし,ここでは関連重要判例を掲げ,その動向が本件と無関係でないことの指摘をするにとどめる。なお,それらの判例をとおして展開された論議は,国営・公営企業の民営化に伴い,今日では沈静化している。

* 全逓東京中郵事件の最大判昭41・10・26刑集20巻8号901頁・判時460号10頁,全司法仙台事件の最大判昭44・4・2刑集23巻5号685頁・判時550号29頁,都教組事件の最大判昭44・4・2刑集23巻5号305頁・判時550号21頁,全農林事件の最大判昭48・4・25刑集27巻4号547頁・判時699号22頁,岩手県教組学力テスト事件の最大判昭51・5・21刑集30巻5号1178頁・判時814号73頁,全逓名古屋中郵事件の最大判昭52・5・4刑集31巻3号182頁・判時848号21頁。

次に,被告人自身の権利でなく,つまり訴訟の当事者でない第三者の憲法上の権利への侵害を争った違憲の主張が認められるであろうか。これに関する有名な事例がある。それは,税関の許可を得ずに密貿易を企てたため関税法違反で起訴され,下級審で有罪となるとともに,密輸入船や貨物の没収を受けたことについて,被告人は,没収物の所有者に対し財産権擁護の機会を与えないで

没収をしたことが憲法31条および29条1項に違反するとして上告した事件である。これに対する1962（昭和37）年の最高裁判決は、次のように説いて、違憲を主張する適格性を認めた。

* 最大判昭37・11・28刑集16巻11号1593頁・判時319号6頁。

「かかる没収の言渡を受けた被告人は、たとえ第三者の所有物に関する場合であつても、被告人に対する附加刑である以上、没収の裁判の違憲を理由として上告をなしうることは、当然である。のみならず、被告人としても没収に係る物の占有権を剥奪され、またはこれが使用、収益をなしえない状態におかれ、更には所有権を剥奪された第三者から賠償請求権等を行使される危険に曝される等、利害関係を有することが明らかであるから、上告によりこれが救済を求めることができるものと解すべきである。」

この判示だけでは、第三者の憲法上の権利を主張することのできる要件が明らかとはいい難い。判例の積み重ねが必要だが、この後の判例で進展がみられず、他に、どのような場合に容認されるのか明確となっていない。進展がないということは、これが例外的存在だといわざるを得ないのだが、少なくとも、刑事事件の被告人は、第三者の憲法上の権利の侵害を主張してもよい場合があることは認めることができる。また、過度に広汎な内容の規定や漠然とした内容の規定の場合には、合憲といえる行為までも規制して刑罰を加えることになるから、罪刑法定主義の原則ないし憲法31条に違反するとの主張をするときは、第三者の権利の侵害をも含めているとみることができそうである。これについては、

改めて取りあげることにし（本書の107頁参照），その前に法規定の違憲の主張の仕方についてみておく。

●文面上違憲と適用違憲　刑事・憲法訴訟では，被告人が自己に適用される刑事法の規定が憲法に違反すると主張し，刑罰が科されるのを免れようとするところに特徴がある。その違憲の争点について，本件上告審では，国家公務員法102条1項および人事院規則14―7の当該規定（以下，単に「本件規定」という）そのもの，つまり規定の文面がそもそも違憲・無効であるというのではなく，被告人の行為に適用されることについて違憲であるというべきか否かということについて争われた。この違憲の争点についても注目する必要がある。つまり，刑罰規定の文面上違憲と適用違憲との使い分けの問題である。

本件で，本件規定の文面解釈上，憲法21条に違反し無効であるから被告人は無罪である，との違憲の主張をすることは得策でない。それは，公務員は，憲法15条のもとで全体の奉仕者であり，政治的中立が求められることについては争いがなく，その意味で，国家公務員法102条1項の立法目的を憲法21条との関係で無効とはし難いからである。そのことは，本件の第一審裁判所が本件規定の立法の趣旨，経緯について詳しく述べているところを参照するとよい。また，本件に至るまでに，最高裁判所は，同様の争点に対して繰り返し合憲の判断を下しており，この先例に挑戦して判例変更を実現することは期待できない状態であった。

* 第7章では，本件第一審判決理由中で結論に密接な関係のある判示部分のみを引用したが，同判決は，立法の趣旨，経緯，変遷および米国の立法事情との

比較までしており，本件での問題の根底ないし背景がよく理解できるので，通読を勧める。

そこで，本件規定の目的や趣旨に照らすと，本件の被告人のように，現業の職員であり，公務員としての中立性が求められる職種でなく，また，勤務時間外に行った，通常の市民としては当然認められる政治的行為については，本件規定の適用が適当でなく，本件規定を適用して起訴したことに対して，憲法上認められないとする主張の方式が選ばれることとなったのである。

このように，文面上の違憲と適用違憲との方式は，刑事・憲法訴訟でよく使い分けがなされる。また，こうした違憲の主張に対する裁判所の対応が関心を呼ぶが，それは，憲法秩序の形成にかかわることであり，第9章で扱うべきことである。しかし，ここで次のことにはふれておくことにする。

それは，文面上の違憲の裁判と適用違憲の裁判に認められる機能についてである。文面上の違憲の裁判は，当該法規定の効力を全面的に否認することになるのに対して，適用違憲の裁判は，当該法規定の効力を維持しつつ，事件ごとに処理することになるから，司法府と立法府とが正面から対立することはないといえる。しかし，後者の場合，合憲限定解釈を加えたうえでの判断であるから，その解釈が立法の趣旨を変えてしまうとの批判が生じる余地を残している。本件では，最高裁判所が下級審の適用違憲の手法を否認しているが，それは，そのことが背景にあるといえるのである。なお，最高裁判所は，本件判決以後も一貫して適用違憲の手法を採用していない。この最高裁判所の姿勢に照らすと，適

用違憲の主張が受け入れられるためには，高い壁を越えるだけの要因が存在しなければならないといえる。

* 合憲限定解釈とは，ある法令（個別の規定の場合も含む）について違憲の疑いがかけられているとき，その疑いを除去するように法令の意味を解釈する手法をいい，合憲解釈とか合憲解釈のアプローチとも呼ばれる。

●過度に広汎な規定・漠然とした規定　適用違憲の主張が高い壁を越えなければならないことが判明すると，文面上の違憲の主張の可能性の方に引き付けられる。この違憲の主張をするとき，被告人は，自己に適用される法規定の内容が過度に広汎であるとか漠然としているとかの指摘をする場合がある。過度に広汎な規定や漠然とした規定は，犯罪構成要件が不明確であり，刑事法の基本原理たる罪刑法定主義に反する，あるいは憲法31条に違反することになり，被告人が無罪となるとの主張である。本件規定は，この批判を免れるための立法措置をしたとみることができる。すなわち，国家公務員法102条1項で政治的行為の禁止を定めたが，そのままでは，禁止の対象となる政治的行為が広汎に過ぎるとか漠然としているとの非難を浴びる。そこで，人事院規則14－7を定めて，構成要件の具体化を果たしたのである。もっとも，その人事院規則は，公務員が選挙で1票を投じること以外の政治的行為を広く禁止しているから，過度に広汎だとの問題は解消されていないともいえる。そのことはともかく，この違憲の主張にかかる若干の具体例をみることにしよう。

　まず，刑法175条のもとで，わいせつな文書等の頒布，販売，公然陳列行為が罰せられることになっているが，これについて，

過度の広汎性・漠然性を根拠に違憲だと主張される場合がその代表例である。すなわち，刑法175条のわいせつの概念が漠然としており，犯罪構成要件が明確とならないから憲法31条に違反し，また，自己の表現が刑法175条の対象となるかもしれないとの怖れから表現することを控える効果をもたらし（「萎縮的効果」と呼ばれる），憲法21条違反となるとするものである。これに対し，最高裁判所は，2度の大法廷判決を通じて，刑法175条が合憲であることを宣言しており，1980年の「四畳半襖の下張り」事件に対する判決では，構成要件明確化を意図した解釈を示して，合憲判断を繰り返している。したがって，この分野での違憲の主張は，裁判所により受け入れられることが期待できない。

  ＊　チャタレー事件の最大判昭32・3・13刑集11巻3号997頁・判時105号76頁，「悪徳の栄え」事件の最大判昭44・10・15刑集23巻10号1239頁・判時569号3頁。
 ＊＊　最二判昭55・11・28刑集34巻6号433頁・判時982号64頁。

もっとも，最高裁判所は，過度に広汎な規定や漠然とした規定について，違憲だと主張して争うこと自体を排斥しているわけではない。1975年の徳島市公安条例事件に対する判決において，次のように明確性の基準についての法理を示した。

  ＊　最大判昭50・9・10刑集29巻8号489頁・判時787号22頁。

「およそ，刑罰法規の定める犯罪構成要件があいまい不明確のゆえに憲法31条に違反し無効であるとされるのは，その規定が通常の判断能力を有する一般人に対して，禁止される行為とそうでない行為とを識別するための基準を示すところがなく，そのため，その適用を受ける国民に対して刑罰の対象となる行

為をあらかじめ告知する機能を果たさず，また，その運用がこれを適用する国又は地方公共団体の機関の主観的判断にゆだねられて恣意に流れる等，重大な弊害を生ずるからであると考えられる。……それゆえ，ある刑罰法規があいまい不明確のゆえに憲法31条に違反するものと認めるべきかどうかは，通常の判断能力を有する一般人の理解において，具体的場合に当該行為がその適用を受けるものかどうかの判断を可能ならしめるような基準が読みとれるかどうかによつてこれを決定すべきである。」

このように，法規定の過度の広汎性・漠然性を理由とする違憲の主張の道が開かれているが，そうかといってこの違憲の主張を容認する実体判断が生まれているわけではない。特に注目すべきは，福岡県青少年保護育成条例事件や広島市暴走族追放条例事件に対する最高裁判決である。両者とも法解釈の限界を超えたとの厳しい批判を受けるほどの合憲限定解釈を加えて，違憲の主張をしりぞけている。

* それぞれ最大判昭60・10・23刑集39巻6号413頁・判時1170号3頁，最三判平19・9・18刑集61巻6号601頁・判時1987号150頁。

以上の若干の例をみても明らかなように，過度の広汎性・漠然性を理由とする違憲の主張の道も険しい状態となっている。

●**刑罰規定と立法裁量——違憲主張の限界** 本件では，刑罰をもって臨まなくともそれより緩やかな制裁方法で目的を達成できるのではないか，また，懲戒処分に加えて刑事罰を規定していることは，行為に対する制裁として相当性を欠き，合理的に

して必要最小限度の域を超えているとするのが下級審判断であったが，これに対し，最高裁判所は，正面からこの考えを否認したのであった。その根拠として，刑罰をいかように定めるかは立法府の裁量事項であって，本件の刑罰規定についての立法機関の決定がその裁量の範囲を著しく逸脱しているものであるとは認められないと判示したのであった（本書の98頁④参照）。つまり，刑罰内容については，立法府の広い裁量にゆだねられていて，裁量権の逸脱・濫用が認められるときだけ，裁判所は介入できるとされたのである。この判示に照らすと，刑事・憲法訴訟において，刑罰内容について違憲の主張をしても，ほとんどの場合，最高裁判所に受けとめてもらえないこととなる。裁判所の介入が期待できるのは，1973年の尊属殺重罰規定違憲判決の例のように，刑罰があまりにも厳しいもので，著しい不合理さが認められる場合だけだといわざるを得ないのである。

　＊　最大判昭48・4・4刑集27巻3号265頁・判時697号3頁。

　この立法裁量論を乗り越える違憲の主張は，いかなるものとすればよいのかということも刑事・憲法訴訟の抱える課題だといってよい。刑罰規定の内容があまりに厳しいことや著しく不合理であることを立証するような違憲の主張を構成できればよいとの一般論は指摘できる。その具体化が課題として求められているのである。

　刑罰をいかように定めるかという刑罰規定の内容の問題とならんで，ある行為を制限・禁止するために刑罰規定を設けるのが適切か否かということも，立法政策の問題である。これについては，

前述の文面上違憲の主張の箇所で言及したが，司法審査の基本にかかわることであるから，第9章でさらに取りあげることにしている。

●条例の刑罰規定　本件では，法律より下位の法規である人事院規則のもとに刑罰内容が具体化されていることが違憲の争点の一つとなっていた。同様に，法律より下位の法規のもとで刑罰が科されることを争う例として，条例の場合がある。

憲法94条は，地方公共団体に条例制定の権限を認めており，これを受けて，地方自治法14条は，条例制定権についての定めをし，その3項では，刑罰規定を設けることができること，および刑罰の範囲を定めている。このような憲法，法律上の許容範囲内での制定が求められる条例をめぐって，刑事・憲法訴訟が登場しており，その具体例3点については，上記の過度に広汎な規定・漠然とした規定を理由とする違憲の主張との関係でふれた。そこで確認したように，最高裁判所は，合憲限定解釈のもとに条例に対する違憲の主張をなかなか容認しない傾向を示しているが，さらにもう1件を取りあげ検討しておこう。

事件は，古紙回収業を営む者が世田谷区清掃・リサイクル条例に違反して古紙等を持ち去ったため起訴された刑事事件であり，第一審の東京簡易裁判所では無罪判決を受けたものの，控訴審で有罪となり，最高裁判所は上告を棄却した。[*]

* 最一決平20・7・17判時2050号156頁。その下級審は，東京高判平19・12・18判時1995号56頁。なお，同種の事件がいくつか簡易裁判所に係属し，有罪・

無罪の判断が分かれていた（判例集未登載）。

　この事件の事実をみるためには，世田谷区清掃・リサイクル条例の詳細を知る必要があるが，その概略は，次のようである。すなわち，その条例は，区長が一般廃棄物処理計画を定めて公表することを義務付け（同35条1項），「一般廃棄物処理計画で定める所定の場所に置かれた廃棄物のうち，古紙，ガラスびん，缶等再利用の対象となる物として区長が指定するものについては，区長及び区長が指定する者以外の者は，これらを収集し，又は運搬してはならない」と規定するとともに，区長が違反者に対する禁止命令を発することができると定めている（同31条の2）。その禁止命令に違反した者には20万円以下の罰金に処することも定めている。また，告示された「平成16年度一般廃棄物処理計画」は，家庭廃棄物について，「定められた場所へ排出する」ことを区民・事業者の協力義務とし，その「定められた場所」を，「原則としてそれを利用しようとする区民等が協議のうえ位置を定め，その場所を区に申し出て，区が収集可能であると確認した場所とする」と規定している。

　被告人は，区の指定事業者でなく，上記の禁止命令を受けたにもかかわらず，上記の指定場所から古紙等の持ち去りを繰り返したため起訴されたのであった。その違憲の主張は，世田谷区の上記条例が廃棄物処理法に抵触し憲法94条違反であること，「定められた場所」が具体性に欠け，不明確であり憲法31条に違反すること，その他，憲法14条，22条違反等の違憲の主張をし，無罪だと争った。これに対して最高裁判所は，「世田谷区清掃・リサイ

クル条例31条の2第1項にいう『一般廃棄物処理計画で定める所定の場所』の明確性に関し憲法31条違反をいう点は，同条例31条の2第1項，37条，一般廃棄物処理計画等によれば，世田谷区が，一般廃棄物の収集について区民等の協力を得るために，区民等が一般廃棄物を分別して排出する場所として定めた一般廃棄物の集積所を意味することは明らかであり，『所定の場所』の文言を用いた本件罰則規定が，刑罰法規の構成要件として不明確であるとはいえない」などと，まことに簡略に理由を述べて，すべての違憲の主張をしりぞけている。

　総じて，この例のように，条例についての違憲の主張は，下級審において受け入れられることがあっても，最高裁判所においてはことごとく否認されてしまい，今日までたとえ刑罰規定であり，構成要件の明確性が疑われる場合であっても，条例の違憲の主張が認められたことはない。これも，刑事・憲法訴訟における課題の一つに数えることができるが，この課題検討にあたって，なぜ，最高裁判所は，自治体の形成している法秩序に対して，積極的に憲法秩序の構築を求めないのかとの問題提起をする必要がある。

第9章　刑事・憲法訴訟による憲法秩序の形成

●刑事・憲法訴訟の目的　　刑事・憲法訴訟で合憲性が問われる刑罰法規は，本来，憲法のもとに形成されている国法秩序すなわち憲法秩序を形成しているものである。ところが，合憲なものとして制定された法令の刑罰規定が違憲であると最高裁判所により判断されると新たな憲法秩序が形成されることとなる。猿払事件（以下，単に「本件」という）の被告人は，自己の政治的意見表明の自由を確保して，望ましい憲法秩序が形成されることを目指した。いや，その裁判の結果は，被告人のみならず多数の公務員や被告人を支援する者にとっても，自己の政治的意見表明の自由の行使については何らかの影響をもたらすこととなるから，本件の目的は，被告人個人の利益を超えた憲法秩序を形成するためであるともいえる。しかし，これとは対照的に，刑事・憲法訴訟の被告人限りの問題であって，それに対する裁判がそれほど社会の人々に影響を与えることがない場合もあるかもしれない。こうして，本件裁判の内容にとどまらないで，視野をひろげてみる必要性が生じてくる。

　そこで，これまでの二つの分野におけるのと同様に，刑事・憲法訴訟による憲法秩序の形成の様相について，立ち入って考察することにする。

●本件判決のもとでの憲法秩序の形成　　本書の目的のもとでは，刑事・憲法訴訟による憲法秩序の形成の様相といっ

ても，体系的ないし網羅的に分析する必要はなく，むしろいくつかの特徴に注目して，憲法訴訟の意義の理解に努めるべきである。そこで，第7章でみた本件の裁判を念頭に置きながら，次の事項を取りあげることにしよう。

本件の最高裁判決は，被告人が公務員であることを強調している。公務員は，憲法上，全体の奉仕者であり，中立性が求められており，それに応えるために政治的行為が禁止されていると説いている（本書95頁②の(ア)参照）。この禁止の目的についての最高裁判断を分析した上で，さらに，同様の政治的意見表明行為については，公務員であるか否かが憲法上の保護を受けられるための決め手となっているのか，検討する。つまり，本件判決の射程についてもみることにする。

次に，本件の最高裁判決は，審査基準として，合理的関連性の基準と比較衡量法とを採用し，適用している（本書96頁②の(イ)・(ウ)参照）。このような厳格度の低い基準では，最高裁判所が本件判決の冒頭で説いている表現の自由の高い価値が実現できないのではないかとの疑問が生じるが，本件判決は，そのような観点からの考察を必要とさせている。

さらに，第8章において，刑罰規定について違憲の主張をしても，本件判決のもとでは，広い立法裁量論によって，ほとんどの場合，最高裁判所に受け止めてもらえないことを確認している（本書の109頁参照）。そのことも含め，刑事・憲法訴訟に対して，立法裁量論により最高裁判所が憲法秩序を形成することの問題点を考えておかなければならない。

最後に、広い観点から刑事・憲法訴訟をみる。本件では、裁判の全過程で憲法21条を中軸にした憲法上の争点が存在していた。しかし、刑事・憲法訴訟であればすべて本件と同様に、憲法上の争点が裁判中で扱われるというわけでなく、これと対照的に裁判の理由中には憲法上の争点にふれられていない例がある。そのような場合でも、当該訴訟が憲法秩序の形成と無関係でないことに注意しなければならないことがある。これをもみることによって、刑事・憲法訴訟の様相がいっそう明らかになるはずである。
　以上の諸点を順に考察していく。

●**本件判決の射程**　　本件判決は、憲法学界では評判がよくない。その判決理由の冒頭において、表現の自由の価値は、基本的人権のうちでもとりわけ高いことをうたっていながら、それにつづく論述の過程で、これが希釈されているからである。すなわち、公務員が全体の奉仕者であること、それ故政治的中立性が求められ、公務員の政治的中立性が維持されることは、国民全体の重要な利益であることなどが強調されているのである。このことについて、すべての職種の公務員が一律に扱われることや、職務から離れた公務員の私的生活場面にも妥当するものかということに疑問が投じられているが、それはともかく、最高裁判所が説く表現の自由の高い価値は、少なくとも、公務員以外の者がこれを享受するものと期待してよいはずである。したがって、最高裁判所が1998年の寺西判事補分限裁判に対する決定*において、本件判決を背景に、表現の自由の重要さを強調しながらも、裁判官ゆえの合理的で必要やむを得ない限度にとどまる制限

を合憲としたことは，一応，本件判決の射程内だと認めることができる[**]。そのような受取りは，行政機関の公務員や裁判官を除く一般国民・市民が表現の自由の高い価値の保護を得るものであることを基盤としているはずである。

* 最大決平10・12・1民集52巻9号1761頁・判時1663号66頁。
** もちろん，裁判官と行政機関の公務員とは異なるし，裁判官の懲戒の問題と公務員に刑事罰を科すこととは区別すべきとの批判が投じられる。

ところが，本件判決は，一般市民の政治的意見表明行為に対する制限規定の合憲性判断においても，先例として引用されており，上述の基盤の存在自体が怪しくなってくる。それは，公職選挙法138条による戸別訪問の禁止を違憲だとして争った事件に対する1981年の最高裁判決である[*]。その事件の被告人らは，公務員でなく一般市民であるが，衆議院議員選挙の際に，立候補者に投票を得させる目的で戸別に訪問し投票を依頼したため，公選法138条違反で起訴された。その被告人らの投票依頼行為は，政治的意見表明の自由の行使であり，憲法21条の保障の対象であるのだが，最高裁判所は，本件判決を引用して，戸別訪問の禁止が憲法21条に違反しないと判断した。すなわち，「戸別訪問を一律に禁止するかどうかは，専ら選挙の自由と公正を確保する見地からする立法政策の問題であつて，国会がその裁量の範囲内で決定した政策は尊重されなければならないのである」と説き，このことは，本件判決の趣旨とするところであるとした。本件判決の趣旨といってもいかなる内容を指すのかについては，最高裁判例の通例として，そこには示されておらず定かでない。しかし，この判示から，

選挙の自由と公正を確保する目的でいかなる手段を法律に取りこむかということは、立法裁量の問題（判示部分は、立法政策の問題といっているが同じことを指す）であると説いたものと理解してよさそうである。

* 最二判昭56・6・15刑集35巻4号205頁・判時1003号25頁。

立法裁量の問題としていることについては、後に取りあげることにしているが（本書の122頁を参照）、ここで確認しておくべきことは、表現の自由の高い価値が、選挙の自由と公正を確保するという目的のために後退させられていることである。そして、本件判決の射程ということでは、何か法秩序維持にかかわる目的のためであれば、法律により表現の自由を制約することとなっても、憲法21条の許容するところだ、とする緩やかな意義しかもっていないと受け止めてよさそうである。

●**憲法上の価値が優先するのか
——比較衡量法**

刑事法においては、ある行為が刑罰規定の構成要件に該当し、違法性が認められ、責任を負えると判断されれば、刑罰が科せられる。これに対して、憲法価値の方を優先して刑事罰を科すべきでないとの主張が憲法訴訟ではなされる。本件では、そのことが問われて、下級審裁判所と最高裁判所との間で判断が分かれたのであった。

最高裁判所が用いた判断手法は、合理的関連性の基準および比較衡量法といういずれも緩やかな審査基準であった。特に後者の基準に目を向けると、それは、公務員の政治的行為を刑罰により禁止することにかかる法益——最高裁判所は、これを「国民全体

の共同利益」と呼ぶ——と，公務員の政治的行為を保障する憲法上の価値とを比較衡量し，前者の法益を優先させたのであった。このように，刑罰法規にかかる法益と憲法上の価値との比較衡量による憲法秩序の形成は，説得力ある判断手法であるといえるだろうか。本件は，すでに確認しているように，公務員という身分にかかわる人権の制限であるから，憲法秩序の形成場面として一般化するのが適当でないともいえる。そこで，他の刑事・憲法訴訟の例に目を向けて考察することにしよう。

憲法の概説書では，ビラ貼りやビラ配りは，一般市民が安価で平易に行使できる表現行為であるから，憲法21条の保護のもとにあり，その制限の正当化が厳しく求められると説明される。表現の自由の保障の意義に照らし，この説明には異論がないといってよい。しかし，具体的にこの価値を実現する場面では，この説明どおりにならず，本件判決をみたときと同様の問題に直面させられるのである。

その一例として，自衛官官舎へのポスティング行為について，刑法130条の住居侵入罪に問われ起訴された事件をあげるのが適当であろう。ポスティングに使われたビラには，自衛隊のイラク派兵反対を訴える内容が記されていた。最高裁判所は，この事件についての事実を前例にみない詳細さをもって示し，被告人らのポスティング行為が刑法130条前段の「人の看守する邸宅」に侵入した行為に該当することを判示したうえで，住居侵入罪に問うことは憲法21条１項に違反するとの被告人らの主張に対して次のように答えている。[*]

第9章　刑事・憲法訴訟による憲法秩序の形成　119

＊ 最二判平20・4・11刑集62巻5号1217頁・判時2033号142頁。

「本件では，表現そのものを処罰することの憲法適合性が問われているのではなく，表現の手段すなわちビラの配布のために『人の看守する邸宅』に管理権者の承諾なく立ち入ったことを処罰することの憲法適合性が問われているところ，本件で被告人らが立ち入った場所は，防衛庁の職員及びその家族が私的生活を営む場所である集合住宅の共用部分及びその敷地であり，自衛隊・防衛庁当局がそのような場所として管理していたもので，一般に人が自由に出入りすることのできる場所ではない。たとえ表現の自由の行使のためとはいっても，このような場所に管理権者の意思に反して立ち入ることは，管理権者の管理権を侵害するのみならず，そこで私的生活を営む者の私生活の平穏を侵害するものといわざるを得ない。したがって，本件被告人らの行為をもって刑法130条前段の罪に問うことは，憲法21条1項に違反するものではない。」

ここで説かれていること，すなわち，ビラ配布という表現そのものに刑罰が科せられることの合憲性が問われているのではなく，その手段のためになされた住居侵入行為について刑罰に値するかが問われているとするところは，刑事・憲法訴訟にとって大きな壁が立てられたに等しいことである。これは，すでによく観察した本件判決において，「公務員の政治的中立性を損うおそれのある行動類型に属する政治的行為を，これに内包される意見表明そのものの制約をねらいとしてではなく，その行動のもたらす弊害の防止をねらいとして禁止する」と論じたところと同じ発想であ

る。被告人らにとっては、このような説明をされても、自らの行為は表現行為であり、この行為に対して刑罰が科されるとの思いを消すことができないであろう。

この判示について、もう1点注目すべきは、住居侵入罪を科すことにより維持しようする法益と憲法上の価値とを比較衡量していることである。前者は、私的生活を営む者の私生活の平穏であり、後者は、表現の自由、それも政治的意見表明の自由である。この単純な比較衡量の結果、前者を優先させることとなっているのであるが、後者の価値を優先させる契機が何であるかを究明せねばならない。ちなみに、民間のマンションにおいて政治的文書をポスティングしたため刑法130条の罪で起訴された事件が登場しているが、最高裁判所は、被告人の主張する政治的意見表明の自由の重要さを優先させることなく、私的生活を営む者の私生活の平穏という法益と単純に比較衡量して、無罪の主張をしりぞけている。
＊

＊　最二判平21・11・30刑集63巻9号1765頁・判時2090号149頁。

これらの例と本件判決とから、刑事・憲法訴訟にかかる課題をみつけることができる。それは、刑事法秩序と憲法秩序との関連がしっかり意識されておらず、両者を融合させる議論を展開させなければならないということである。私的生活を営む者の私生活の平穏という刑法130条が保護しようとする法益と、憲法21条が保護する表現の自由の価値とが比較され衡量されているのだが、このような判断手法が適切か否か問う必要がある。これでは、あたかも刑法分野と憲法分野との衝突を調整するかのような様相と

なっているのである。刑法130条の保護法益も憲法秩序に取りこんだうえで考察するという道もある。ここでは、この課題を指摘するにとどめ、先に進むこととする。

* 刑事事件では、当該被告人の行為にかかる事実についてのみ裁判所は判断するのであるが、刑事・憲法訴訟の観点に照らすと、判決のインパクトまで考慮した分析をすると判決の意義が理解できることがある。たとえば、最高裁判所が自衛官官舎へのポスティングを表現の自由の優越した価値のもとに保護すると、全国の公務員宿舎にポスティングが溢れることが予測され、そのことも含めた判断がなされるとの分析がそれである。

●立法裁量論　　刑事・憲法訴訟に対して適用される立法裁量の裁判法理（これを立法裁量論と呼ぶことにしている）は、いかなる行為について刑罰規定を設けるかは立法政策の問題である、とする考えに基づいている。確かに、憲法41条のもとに、国会が唯一の立法機関であるから、いかなる刑罰規定を設けるか、そこに盛り込む量刑をいかにするかということは、立法府である国会の専権事項である。しかしながら、憲法は、81条で、裁判所に司法審査権を認めており、国会の制定した法律が憲法に適合するか否かを審査することができる。したがって、裁判所は、法律制定後に司法審査を加えて憲法秩序の形成に務めることとなっている。これは、改めて述べるまでもない憲法理解の基本である。立法裁量論の考察には、この基本を離れては議論があり得ない。

そこで、本件判決で示された立法裁量論の意義について検討するのであるが、前述の本判決の射程の箇所でふれた問題を取りあげなければならない。すなわち、選挙の自由と公正を確保する目

的でいかなる手段を法律に取りこむかということは，立法裁量の問題であり，国会の判断を尊重しなければならないと，最高裁判所が説いたところである。裁判所が国会の立法措置を尊重することは，上記で確認したように憲法理解の基本であり，検討すべきはその先である。最高裁判所も指摘しているように，それが国会の裁量の範囲内かということであり，裁判所がその審査を説得力ある方式で行っているかということである。

このことを，立法裁量論を採用している他の例をみて観察しておこう。

事件は，被告人（Y）が小売商業調整特別措置法3条に基づく政令指定地域において，大阪府知事の許可を受けないで，所有する建物をその法律所定の小売市場とするため，何人かの小売商に貸しつけたとして起訴されたものである。Yは，その法律の小売市場開設に関する規制が営業の自由を保障する憲法22条1項に反するなどとして争ったが，最高裁判所は，次のように判示して，その主張をしりぞけた。

* 最大判昭47・11・22刑集26巻9号586頁・判時687号23頁。

「個人の経済活動に対する法的規制措置については，立法府の政策的技術的な裁量に委ねるほかはなく，裁判所は，立法府の右裁量的判断を尊重するのを建前とし，ただ，立法府がその裁量権を逸脱し，当該法的規制措置が著しく不合理であることの明白である場合に限つて，これを違憲として，その効力を否定することができるものと解するのが相当である。」

これは，国会の裁量の範囲を広く設定するものである。最高裁

判所は，その広い立法裁量論適用の根拠を詳しく示したうえで，「本法所定の小売市場の許可規制は，国が社会経済の調和的発展を企図するという観点から中小企業保護政策の一方策としてとった措置ということができ，その目的において，一応の合理性を認めることができないわけではなく，また，その規制の手段・態様においても，それが著しく不合理であることが明白であるとは認められない」と結論している。

このように，この判例においては，経済活動の規制立法の司法審査において広い立法裁量論で処理している理由がかなりよく理解できるのであるが，戸別訪問の禁止についてはこれと同じレベルの説明をみることができない。ここに，本件判決には，「憲法21条の保障する表現の自由は，民主主義国家の政治的基盤をなし，国民の基本的人権のうちでもとりわけ重要なものであ〔る〕」と説いたところが生かされていないことを知ることができるのである。その原因究明は，刑事・憲法訴訟における重要な課題の一つである。

●隠れた憲法上の争点　　行政・憲法訴訟や民事・憲法訴訟の場合と同様，刑事訴訟の裁判において，正面から憲法問題を扱っていないが憲法問題とのかかわりを看過できない場合がある。そこで，最後に，本件判決と対照的に，裁判で正面から憲法論議が展開されていないが，憲法秩序の形成と密接な関係をもつ，その意味で刑事・憲法訴訟というにふさわしい例に目を向けることとする。

その代表例として，月刊ペン事件として憲法の判例集に取りい

れられている判例がある。その事件は、月刊ペン社の編集局長である被告人（Y）が、同社発行の月刊誌上で創価学会を批判する連続特集を組んだところ、その記事内容について、創価学会および池田会長らの名誉を毀損したとして起訴されたものである。Yは、下級審で刑法230条1項の名誉毀損罪の判決を受けたことに対して、対象となった記事が刑法230条ノ2第1項にいう「公共ノ利害ニ関スル事実」にあたるとして、上告審で争った。これに対して最高裁判所は、記事内容と登場人物にかかる事実を具体的に見据えたうえで、「このような本件の事実関係を前提として検討すると、被告人によつて摘示された池田会長らの前記のような行状は、刑法230条ノ2第1項にいう『公共ノ利害ニ関スル事実』にあたると解するのが相当であつて、これを一宗教団体内部における単なる私的な出来事であるということはできない」と判示した。ただし、判決理由のどこにも、憲法規定が登場せず、憲法解釈論も展開されていない。しかし、よく知られているように、刑法230条ノ2は、日本国憲法制定に伴い、憲法21条の表現の自由の保障に合致するよう追加された条文であり（平成7〔1995〕年の改正により、これらの条文はひらがな口語書きになっている）、それの該当性を論じることは、当然、表現の自由の意義にかかわっている。

* 最一判昭56・4・16刑集35巻3号84頁・判時1000号25頁。

このように、刑法の名誉毀損罪の裁判は、憲法21条の表現の自由と密接な関係をもち、判決理由中で直接あるいは正面から憲法論議がなされていなくても、刑事・憲法訴訟の性格をもっている。

もう一つ注目すべき例として，憲法判断を回避した裁判の場合があり，その代表例が恵庭事件判決である。同判決は，自衛隊法121条違反で起訴された被告人らが自衛隊および自衛隊法の憲法9条違反を理由に争ったにもかかわらず，被告人らの行為が自衛隊法121条の構成要件に該当しないことを理由に無罪と判断した。そして，次のように憲法判断回避について説明した。

　＊　札幌地判昭42・3・29下刑9巻3号359頁・判時476号25頁。

　「弁護人らは，本件審理の当初から，……自衛隊法121条を含む自衛隊法全般ないし自衛隊等の違憲性を強く主張しているが，およそ，裁判所が一定の立法なりその他の国家行為について違憲審査権を行使しうるのは，具体的な法律上の争訟の裁判においてのみであるとともに，具体的争訟の裁判に必要な限度にかぎられることはいうまでもない。このことを，本件のごとき刑事事件にそくしていうならば，当該事件の裁判の主文の判断に直接かつ絶対必要なばあいにだけ，立法その他の国家行為の憲法適否に関する審査決定をなすべきことを意味する。……したがつて，……被告人両名の行為について，自衛隊法121条の構成要件に該当しないとの結論に達した以上，もはや，弁護人らの指摘の憲法問題に関し，なんらの判断をおこなう必要がないのみならず，これをおこなうべきでもないのである。」

　このように，この刑事・憲法訴訟の法廷では，熱心な憲法9条論が展開されていたのであるが，裁判書ではそれが隠れてしまっている。このような方式の憲法秩序の形成も存在する。もちろん，その是非については，論議が分かれている。

終章　憲法訴訟の課題と活用

●憲法訴訟の課題　　　　本書の目的は，序章で述べたように，憲法訴訟の様相を把握することであった。その把握のために，行政，民事，刑事の訴訟ごとに展開されている憲法訴訟を観察した。それぞれの分野で代表的な具体例をみたうえで，そこに認められる，あるいは，そこから派生する問題をとらえることに努めた。三つの訴訟分野に存在する諸問題を解決することが，憲法訴訟の課題であるわけだが，それらをここで振り返って点検するよりも，三つの訴訟分野をとおして認識しておくべき課題を指摘するのが適当である。

　第一にあげるべきは，憲法訴訟としての性格付けができるものの，行政，民事，刑事の訴訟それぞれにおいて，それぞれの展開がなされていることが際立っていて，憲法秩序の形成という憲法訴訟の目的のもとに，共通のルールなり裁判法理を生み出していないことである。もちろん，前章までで考察したところは網羅的でなく，代表例を中軸とした観察であるから，そのように決めつけるのは早計かもしれない。しかし，少なくとも，共通のルールなり裁判法理を見つけ出すこと，あるいはそれを構築することが課題であるということは否定できない。

　たとえば，比較衡量法という手法は，三つの訴訟分野で共通に認めることができる。しかし，それが憲法訴訟に対する共通の裁判法理だとはいい難い。3分野ではそれぞれ，公的利益と個人の

権益との，私人の利益と私人の利益との，そして刑事保護法益と個人の権益との間の比較衡量をしているが，そこに憲法秩序の形成ということが意識されているとはいい難い。いや，訴訟の当事者にその意識があっても，裁判所がそれを受けとめようとしていない場合が目立つのである。

　第二の課題は，法律学に向けた課題である。随所で指摘したことだが，行政法学，民事法学，および刑事法学において，憲法訴訟であることに目を向けた論議が希薄である。このことについて詳しい分析をしたわけでないが，同じ判例についての憲法学者の評釈とそれら実定法学者の評釈を見ると明らかになる。もちろん，憲法学者の分析の方が的を射ているなどというつもりはなく，こちらの方には，三つの訴訟分野特有の性格に目を向けていないという難点を指摘できる。それではどうすればよいかについて何か積極的提言を用意しているわけでないが，この課題が憲法秩序の形成に密接な関係をもっていることは確かである。

　第三の課題は，憲法訴訟の道を狭めている状態をいかにして打開するかということである。これは，法律上の争訟性の問題であったり，違憲の主張の仕方の問題であったりして，3分野において，それぞれ異なるレベルであるが，憲法にかかる実体判断を裁判所から引き出す道として共通である。

　以上の課題を克服しなければならないのであるが，これに対して，裁判による紛争を解決する場面において，憲法訴訟のごときは，きわめて稀であり，それがいい過ぎなら，小さな分野であるとして，法実務家があまりエネルギーを投じるほどのことでない

との警告を受けそうである。そこで，憲法訴訟の活用の意義について言及しておかなければない。

●憲法訴訟の活用　前章までの論述の過程で明らかになっていると思うが，憲法上の価値があらかじめ確定していることはほとんどの場合ありえず，紛争ないし問題が生じたとき，議論をしたうえで具体化される契機が圧倒的に多いといってよい。憲法のように，一般的，抽象的文言によって規定されているところから，問題に対する答えが論理必然的に出てくるとは到底思えないのである。それゆえ，紛争を抑えたり調整したり，さらには問題を解決するために，政治部門で論議され，国会において法律が，自治体議会において条例が制定され，それらが社会で適用されることとなっている。これは，憲法秩序ないし国法秩序を支える基本構造であって，本書の読者にとってはあえていうまでもないことである。

この基本構造のもとで法的紛争が生じる。裁判所にもたらされる法的紛争は，多種多彩な内容をもっているが，訴訟制度上，行政，民事，刑事の3種類に分けられ裁判がなされる。それぞれの訴訟で憲法上の争点が含まれていると憲法訴訟となり，その様相を本書で観察したのであった。観察ということを掲げそれを行ったのは，日本の憲法秩序・国法秩序をよく把握しておくことが，法の実践つまり法実務において重要だと考えるからである。憲法論議は，とかく論者の価値観や主義・信条のもとに展開されがちであるため，憲法以外の実定法学者は，憲法論議を嫌い，裁判実務でも同様の状況が存在してきた。＊これが今日では，変化してい

るといってよい。

> * 実定法学や裁判実務で憲法論議が敬遠されたのは，政治の主流・与党側が改憲を唱え，非主流・野党側が護憲を主張した日本国憲法下での状況が多分に影響していたが，東西冷戦構造が崩壊した前世紀末以来，その状況変化により憲法論議は，法解釈論の中核を占めてもよい状態となっている。

こういうわけで，今日，憲法秩序ないし国法秩序における憲法論議の意義が高くなっており，憲法訴訟を通じた議論の意義は増している。憲法訴訟における憲法論議が深まっていれば，政治過程，立法過程における憲法論議も充実してくる。

憲法価値を具体的に実現する過程が充実していなければならない。しかし，日本国憲法のもとでの60年余の体験をみると，いくらひいき目にみても，充実しているとはいい難い。それ故，憲法訴訟の活用を唱え，憲法問題を正面から真剣に考える姿勢を身に着けるため，本書が役立てばよいとの願いを込めている。

●憲法訴訟論の効用　憲法訴訟に焦点をあてた議論のことを憲法訴訟論＊と呼ぶことにすると，憲法訴訟論を展開することによって何が得られるのか。これに対する答えは，本書を通じて得られたはずである。

> * これは，かつてブームといわれるほど注目の対象となった憲法訴訟論よりは広い意味である。訴訟技術論と呼ばれた憲法訴訟論と異なり，私は，裁判をつうじて憲法価値の具体的実現を図る場面にかかわる議論を広く憲法訴訟論と呼ぶのが適切だと思っている。

そこで最後に，憲法訴訟論の展開の仕方について，若干の感想を記しておく。これは，本書で貫いた方法の確認でもある。

まず，憲法訴訟論は，判例をめぐってなされるべきであり，判例を離れては意味がないことを確認しておきたい。また，判例を

めぐる議論は，学説が自己の主張の正当化のために，あるいはもっぱら批判の材料として使うものであってはならない。判例で観察できる事実やそれをめぐる裁判所の判断は，実際に存在するものとしてなるべくそのまま受け取らねばならない。その上で，問題の摘出をし，判例の論理の分析，批判に進まなければならない。

　判例の分析，批判をする際に，裁判所の議論があたかも学者の議論であるかのように扱う例がみられるが，それは適切ではない。裁判官は，学者と同じ姿勢で事件を処理しているのではない。学者は，事件に対して責任をもたないのに対し，裁判官は，事件を解決する司法機関の一員として，裁判官としての責任を果たすために裁判をし，裁判にかかる理由を述べている。また，裁判の理由に対する批判に反論することなどしない。

　前章までの観察の過程で明らかになっていると思うが，裁判所があらかじめ用意され，構築されている審査基準を機械的に適用して事件を解決するということはないし，あり得ないとまでいってよい。たとえば，本書ではふれる余裕がなかったが，また，ここでは詳細を省くが，政教分離原則の実現にかかる訴訟に対して，目的・効果基準が機械的に適用されている裁判は全くなく，登場する具体的事案との関係で，裁判所は，そのつど工夫した判断を下しているのである。したがって，判例を離れて，あるいは具体的事実を離れた審査基準をめぐる議論（審査基準論と呼ばれている）は，憲法訴訟の実践場面では無意味といっても過言ではない。*

　　＊　主として学問的興味に基づく審査基準論は，それなりの意義があるのかもしれないが，訴訟・裁判の実践面とは無関係である。

終章　憲法訴訟の課題と活用　　131

このように，憲法訴訟論は，訴訟技術論に埋没してならないが，他方で，いわゆる法解釈論のレベルに終始することも適切でない。本書の各所で認めたように，下級審の違憲判断が最高裁判所に到達すると否定される傾向あるが，それは，日本国憲法の制定・施行以来変わることなくつづいているといってよい。そこで，なぜそのような傾向をみせているかについて，憲法訴訟にかかる論議を深めることの必要性を感じさせられるのである。とりわけ，若干の例を示したように，判決結果にかかる法解釈の範疇を超えた諸要因を分析することによりその解明のための作業が可能となるが，この憲法訴訟の機能論とでも呼ぶ方式を発展させる必要がある。

　本書の3分野の考察で，いずれの場合も「隠れた憲法上の争点」という項を設け，それとの関係で憲法秩序の形成を考えたが，最後に，そのことにふれておく。それぞれの箇所で述べたように，「隠れた」といってもその様相はさまざまである。しかし，憲法上の争点が背後にあったり，無視されたり，看過されていても，憲法秩序の形成過程に何らかの意味が存在しており，そのことも取りこんだ憲法訴訟論の展開が肝要である。

判例索引

昭和28〜40年

最大判昭28・12・23民集7-13-1561〔皇居外苑使用不許可事件〕・・・・・・・・・・・・35
最大判昭31・7・4民集10-7-785・判時80-3〔謝罪広告事件〕・・・・・・・・・・・・・・・83
最大判32・3・13刑集11-3-997・判時105-76〔チャタレー事件〕・・・・・・・・・・・・108
最大判昭37・11・28刑集16-11-1593・判時319-6 ・・・・・・・・・・・・・・・・・・・・・・104
東京地判昭38・11・20判時353-9〔昭和女子大学事件〕・・・・・・・・・・・・・・・・・・63
最大判昭39・2・5民集18-2-270・判時361-8〔参議院議員定数不均衡訴訟〕・・・・・・・・41
最一判昭39・10・29民集18-8-1809 ・・・・・・・・・・・・・・・・・・・・・・・・・・・・・・・・・・・・25

昭和41〜50年

最大判昭41・2・23民集20-2-271〔青写真判決〕・・・・・・・・・・・・・・・・・・・・・・・・26
最大判昭41・10・26刑集20-8-901・判時460-10〔全逓東京中郵事件〕・・・・・・・103
札幌地判昭42・3・29下刑9-3-359・判時476-25〔恵庭事件〕・・・・・・・・・・・・・126
東京高判昭42・4・10判時478-16〔昭和女子大学事件〕・・・・・・・・・・・・・・・・・・63
東京地判昭42・7・17判時498-66〔三菱樹脂事件〕・・・・・・・・・・・・・・・・・・51,52
旭川地判昭43・3・25下刑10-3-293・判時514-20〔猿払事件〕・・・・・・・・・・・・・89
東京高判昭43・6・12判時523-19〔三菱樹脂事件〕・・・・・・・・・・・・・・・・・・51,53
最大判昭44・4・2刑集23-5-305・判時550-21〔都教組事件〕・・・・・・・・・・・・・103
最大判昭44・4・2刑集23-5-685・判時550-29〔全司法仙台事件〕・・・・・・・・・・103
札幌高判昭44・6・24判時560-30〔猿払事件〕・・・・・・・・・・・・・・・・・・・・・・・・89
最大判昭44・10・15刑集23-10-1239・判時569-3「悪徳の栄え」事件〕・・・・・・108
最大判昭47・11・22刑集26-9-586・判時687-23 ・・・・・・・・・・・・・・・・・・・・・・123
最大判昭48・4・4刑集27-3-265・判時697-3〔尊属殺重罰規定違憲判決〕・・・・・・110
最大判昭48・4・25刑集27-4-547・判時699-22〔全農林事件〕・・・・・・・・・・・・103
東京地判昭48・5・31行集24-4=5-471・判時704-31〔国立歩道橋事件〕・・・・・・29
最大判昭48・12・12民集27-11-1536・判時724-18〔三菱樹脂事件〕・・・・・・・・・51
最三判昭49・7・19民集28-5-790・判時749-3〔昭和女子大学事件〕・・・・・・63,76
最大判昭49・11・6刑集28-9-393・判時757-33〔猿払事件〕・・・・・・・・・・・・・・89
最大判昭50・9・10刑集29-8-489・判時787-22〔徳島市公安条例事件〕・・・・・・108

昭和51～60年

最大判昭51・4・14民集30-3-223・判時808-24〔衆議院議員定数不均衡訴訟〕………41
最大判昭51・5・21刑集30-5-1178・判時814-73〔岩手県教組学力テスト事件〕……103
最大判昭52・5・4刑集31-3-182・判時848-21〔全逓名古屋中郵事件〕…………103
静岡地判昭53・10・31民集41-3-444〔森林法共有林事件〕………………………69
最二判昭55・11・28刑集34-6-433・判時982-64〔「四畳半襖の下張り」事件〕……108
最三判昭56・3・24民集35-2-300・判時998-3〔日産自動車事件〕………………67
最一判昭56・4・16刑集35-3-84・判時1000-25〔月刊ペン事件〕…………………125
最二判昭56・6・15刑集35-4-205・判時1003-25 ………………………………118
最大判昭58・4・27民集37-3-345・判時1077-30〔参議院議員定数不均衡訴訟〕……41
最大判昭58・11・7民集37-9-1243・判時1096-19〔衆議院議員定数不均衡訴訟〕……41
東京高判昭59・4・25民集41-3-469〔森林法共有林事件〕………………………69
最大判昭60・7・17民集39-5-1100・判時1163-3〔衆議院議員定数不均衡訴訟〕……41
最大判昭60・10・23刑集39-6-413・判時1170-3〔福岡県青少年保護育成条例事件〕
………………………………………………………………………………………109
最一判昭60・11・21民集39-7-1512・判時1177-3〔在宅投票制度廃止違憲訴訟〕
………………………………………………………………………34, 42, 46

昭和61～62年

熊本地判昭61・2・13判時1181-37〔南九州税理士会事件〕………………………64
最大判昭62・4・22民集41-3-408・判時1227-21〔森林法共有林事件〕……………68
最二判昭62・4・24民集41-3-490・判時1261-74〔サンケイ新聞意見広告事件〕……82

平成元～10年

最三判平元・6・20民集43-6-385・判時1318-3〔百里基地訴訟〕……………71, 78
静岡家裁熱海出張所審判平2・12・12民集49-7-1820〔非嫡出子相続分規定違憲訴訟〕
………………………………………………………………………………………69
東京高決平3・3・29判タ764-133〔非嫡出子相続分規定違憲訴訟〕………………69
最三判平3・9・3判時1401-56〔「バイク三ない原則」違反事件〕…………………77
福岡高判平4・4・24判時1421-3〔南九州税理士会事件〕…………………………64
最三判平7・3・7民集49-3-687〔泉佐野市民会館使用不許可事件〕…………35, 47
最大決平7・7・5民集49-7-1789・判時1540-3〔非嫡出子相続分規定違憲訴訟〕……69
最二判平8・3・15民集50-3-549〔上尾市福祉会館事件〕…………………………47
最三判平8・3・19民集50-3-615・判時1571-16〔南九州税理士会事件〕……………64
神戸地判平9・4・28判時1613-36〔宝塚市パチンコ店等規制条例事件〕……………32
大阪高判平10・6・2判時1668-37〔宝塚市パチンコ店等規制条例事件〕……………32

最大決平10・12・1民集52-9-1761・判時1663-66〔寺西判事補分限裁判〕……………117

平成11～20年

東京地判平11・10・28判時1705-50〔在外日本人選挙権制限違憲訴訟〕……………7
最大判平11・11・10民集53-8-1441・判時1695-46〔衆議院議員定数不均衡訴訟〕……41
東京地判平12・7・28判時2051-3〔プリンスホテル日教組大会会場等使用拒否事件〕
　…………………………………………………………………………………………85
東京高判平12・11・8判タ1088-133〔在外日本人選挙権制限違憲訴訟〕……………7
最一判平14・4・25判時1785-31〔群馬司法書士会事件〕……………………………65
最三判平14・7・9民集56-6-1134〔宝塚市パチンコ店等規制条例事件〕……………32
沖縄地判平15・11・19判時1845-119〔入会権者資格差別事件〕……………………80
福岡高那覇支判平16・9・7判時1870-39〔入会権者資格差別事件〕…………………80
最大判平17・9・14民集59-7-2087・判時1908-36〔在外日本人選挙権制限違憲訴訟〕
　……………………………………………………………………………………………7
最三判平18・2・7民集60-2-401 ………………………………………………………47
最二判平18・3・17民集60-3-773・判時1931-29〔入会権者資格差別事件〕…………80
東京地判平18・3・24判時1938-37〔杉並区住基ネット訴訟〕………………………32
最一判平18・3・30民集60-3-948〔国立マンション訴訟〕…………………………30
最三判平19・9・18刑集61-6-601・判時1987-150〔広島市暴走族追放条例事件〕…109
東京高判平19・11・29判例自治299-146〔杉並区住基ネット訴訟〕…………………32
東京高判平19・12・18判時1995-56 …………………………………………………111
最二判平20・4・11刑集62-5-1217・判時2033-142 …………………………………120
最三判平20・7・8（判例集未登載）〔杉並区住基ネット訴訟〕………………………32
最一決平20・7・17判時2050-156 ……………………………………………………111
最大判平20・9・10民集62-8-2029〔遠州鉄道土地区画整理事業訴訟〕………………27

平成21年～

最大判平21・9・30民集63-7-1520・判時2053-18〔参議院議員定数不均衡訴訟〕……41
最一判平21・11・26裁時1496-7 ………………………………………………………28
最二判平21・11・30刑集63-9-1765・判時2090-149 …………………………………121
最一判平22・10・21（判例集未登載）…………………………………………………84
東京高判平22・11・25判タ1341-146〔プリンスホテル日教組大会会場等使用拒否事件〕
　…………………………………………………………………………………………85
最大判平23・3・23判時2108-31〔衆議院議員定数不均衡訴訟〕………………………41
東京地判平23・4・26（判例集未登載）…………………………………………………39

判例索引　135

著者紹介

戸松　秀典（とまつ・ひでのり）

略歴
東京大学法学部卒業
東京大学大学院法学政治学研究科博士課程修了（法学博士）
現在、学習院大学法科大学院教授

著書
『司法審査制』(1989年・勁草書房)
『平等原則と司法審査──憲法訴訟研究Ⅰ』(1990年・有斐閣)
『基礎演習・憲法』(共著)(1992年・有斐閣)
『立法裁量論──憲法訴訟研究Ⅱ』(1993年・有斐閣)
『プレップ憲法〔第3版〕』(2007年・弘文堂)
『憲法訴訟〔第2版〕』(2008年・有斐閣)
『憲法判例〔第6版〕』(共編著)(2010年・有斐閣)など

プレップ憲法訴訟　　プレップシリーズ

平成23年10月15日　初版1刷発行

著　者　戸松　秀典
発行者　鯉渕　友南
発行所　株式会社　弘文堂　　101-0062　東京都千代田区神田駿河台1の7
　　　　　　　　　　　　　TEL 03(3294)4801　振替 00120-6-53909
　　　　　　　　　　　　　http://www.koubundou.co.jp
装　丁　青山　修作
印　刷　港北出版印刷
製　本　井上製本所

Ⓒ 2011 Hidenori Tomatsu. Printed in Japan

[JCOPY] 〈(社)出版者著作権管理機構　委託出版物〉
本書の無断複写は著作権法上での例外を除き禁じられています。複写される場合は、
そのつど事前に、(社)出版者著作権管理機構(電話 03-3513-6969、FAX 03-3513-6979、
e-mail:info@jcopy.or.jp)の許諾を得てください。
また本書を代行業者等の第三者に依頼してスキャンやデジタル化することは、たとえ
個人や家庭内での利用であっても一切認められておりません。

ISBN978-4-335-31317-2

弘文堂プレップ法学

これから法律学にチャレンジする人のために、覚えておかなければならない知識、法律学独特の議論の仕方や学び方のコツなどを盛り込んだ、新しいタイプの"入門の入門"書。

プレップ	法学を学ぶ前に	道垣内弘人
プレップ	法 と 法 学	倉沢康一郎
プレップ	憲　　　法	戸松秀典
プレップ	民　　　法	米倉　明
プレップ	刑　　　法	町野　朔
プレップ	行　政　法	高木　光
プレップ	環　境　法	北村喜宣
プレップ	租　税　法	佐藤英明
プレップ	商　　　法	木内宜彦
プレップ	会　社　法	奥島孝康
プレップ	手　形　法	木内宜彦
プレップ	新民事訴訟法	小島武司
プレップ	破　産　法	徳田和幸
＊プレップ	刑事訴訟法	酒巻　匡
プレップ	労　働　法	森戸英幸

＊印未刊

好評発売中

公法系訴訟実務の基礎〔第2版〕

中川丈久・斎藤浩・石井忠雄・鶴岡稔彦 編著
岩本安昭・秋田仁志・淺野博宣・越智敏裕・村松秀樹 著

憲法・行政法で学修した内容が、訴訟実務ではどう現れるのかを理解できる法律実務家になるための必修テキスト。コアカリキュラムに完全対応した設問と解説で、法律実務家に必要な文書作成の方法が身に付く。紛争や訴訟の流れに即して公法を学べる演習書、大きく構成を変え、より学びやすくなった最新版！ 定価(本体4300円＋税)

- 法科大学院で到達すべきレベルを具体的に示したスタンダード・テキストの最新版。
- 法科大学院の必修科目（憲法および行政法）で修得した内容を、法律実務家らしい文書に仕立てる技術を身に付けるための演習書。
- 問題処理の仕方が具体的にイメージできる類型別の第1編と時系列の第2編による2部構成。
- 事例は、典型的な行政上の紛争。設問は、訴訟実務ではどのような課題を解決しなければならないのかを、ステップを踏んで理解できるよう配列。
- コアカリキュラム（法科大学院共通的到達目標）と、設問や解説の対応関係を明示。
- 文書作成の自分なりのコツがつかめるよう、各設問の標準的な時間を明記。
- 行政訴訟になじみのない弁護士や公務員などにも最適の手引書。

　第1編　公法系訴訟の紛争類型
　　第1章　出入国管理事例
　　第2章　助成金事例
　　第3章　土地収用事例
　　第4章　医療行政事例
　　第5章　社会保障事例(1)：年金保険給付
　　第6章　社会保障事例(2)：労災保険給付
　　第7章　情報公開事例
　　第8章　住民訴訟事例
　第2編　公法系訴訟の時系列的検討—マンション紛争事例
　　第1部　事件の発端—弁護士の立場から
　　　第1章　法令調査(1)：開発許可紛争
　　　第2章　法令調査(2)：建築確認紛争
　　　第3章　事実の調査：情報公開請求等
　　第2部　提訴—弁護士の立場から
　　　第4章　訴訟戦略(1)：提訴の基本事項
　　　第5章　訴訟戦略(2)：集団訴訟と訴状作成
　　第3部　審理—裁判所の立場から
　　　第6章　行政訴訟の審理：主張立証責任、処分の変更、訴えの併合等

弘文堂

弘文堂ケースブックシリーズ

理論と実務との架橋をめざす、新しい法曹教育が法科大学院で幕を開けました。その新しい法曹教育に資するよう、各科目の基本的な概念や理論を、相当のスペースをとって引用した主要な判例と関連づけながら整理した教材。設問を使って、双方向型の講義が実現可能となる待望のケースブックシリーズ。

ケースブック憲法 [第3版]	長谷部恭男・中島徹・赤坂正浩 阪口正二郎・本秀紀 編著
ケースブック行政法 [第4版]	高木光・稲葉馨 編
ケースブック租税法 [第3版]	金子宏・佐藤英明・増井良啓 渋谷雅弘 編著
ケースブック刑法 [第3版]	笠井治・前田雅英 編
ケースブック会社法 [第4版]	丸山秀平・野村修也・大杉謙一 松井秀征・髙橋美加 著
ケースブック民事訴訟法 [第3版]	長谷部由起子・山本弘・松下淳一 山本和彦・笠井正俊・菱田雄郷 編著
ケースブック刑事訴訟法 [第2版]	笠井治・前田雅英 編
ケースブック労働法 [第6版]	菅野和夫 監修　土田道夫・山川隆一 大内伸哉・野川忍・川田琢之 編著
ケースブック知的財産法 [第2版]	小泉直樹・高林龍・井上由里子・佐藤恵太 駒田泰土・島並良・上野達弘 編著
ケースブック独占禁止法 [第2版]	金井貴嗣・川濵昇・泉水文雄 編著

弘文堂

2011年9月現在